사람은 사람의 꿈에 반한다

한국에서 나고 자란 청년이
어떻게 세계 최고 기업 7곳에서
러브콜을 받게 되었을까?

사람은 사람의 꿈에 반한다

유웅환 지음

책읽는수요일
Books
on Wednesday

19년이라는 기간 동안 무려 256번이나 패한 권투 선수가 있다. 영국 출신의 복서 피터 버클리가 바로 그다. 그가 세상에서 가장 많이 진 권투 선수라는 불명예를 안은 채 300번째 경기를 끝으로 은퇴를 선언했다. 운동선수로는 적지 않은 나이 40세였다. 1989년 데뷔한 이래 그의 총 전적은 299전 31승 256패 12무였다.

말도 많았고 탈도 많았던 선수로의 생을 마감하는 은퇴전. 그는 마지막 경기에서도 졌다. 사실 그는 1990년대 초엔 다른 선수들이 링에서 맞서기를 피할 정도로 뛰어난 기량을 가진 복서였다. 그러나 그는 최근 몇 년 동안 단 한 차례도 링 위에서 승리하지 못했다. 무려 여든여덟 번의 경기에서.

프로 선수로서의 자격이 없다는 의견도 만만치 않았지만, 그는 매번 영국프로복싱협회의 메디컬 테스트를 통과했다. 그렇게 그는 링에 오르고 또 올랐던 것이다.

그토록 수많은 패배에도 불구하고 링에 올랐던 이유에 대해 그는 "권투를 통해 자신의 삶이 달라졌기 때문"이라고 밝혔다. 그리고 의미심장한 한 단어를 사람들의 가슴에 남겼다. 바로 '초점'과 '집중'이라는 뜻의 단어 '포커스(focus)'였다. 피터 버클리는 생의 마지막 시합에서 이렇게 말했다. "권투는 내게 인생의 초점을 갖게 해준 친구였다."

어쩌면 피터 버클리는 행운아일지도 모르겠다. 비록 셀 수 없는 펀치를 맞고 전대미문의 패배를 기록했지만, 그는 어쨌든 링에 올랐다. 그러나 오늘날 한국의 청년들은 어떠한가. 그들에겐 링에 오를 수 있는 기회조차 주어지지 않는다. 버클리에겐 프로복서라는 이름표가 허락되었지만, 한국의 청년들은 여전히 이름표를 달기 위해 고군분투하고 있다. 피터 버클리가 메디컬 테스트를 통과한 것처럼, 취업을 위한 능력을 갈고 닦아도 취업의 문은 좀처럼 열리지 않는다.

한국의 청년들은 피터 버클리만큼 노력한 인재들이다. 링에 오르기만 한다면 피터 버클리보다 더 좋은 기록을 거둘 준비된 선수들이다. 과연 기성세대의 젊음이 그들의 젊음보다 더 치열했는지 나는 확신하지 못한다.

다음과 같은 사람들의 손에 이 책이 전해질 수 있었으면 좋겠다.

첫째, 이 책은 그 누구보다 세계를 무대로 재능을 펼칠 자질이 충분한 한국의 청년들을 위한 것이다. 글로벌 취업 정보를 얻는 방법, 성공적인 인터뷰 비결, 그리고 글로벌 인재로서의 마인드와 역량을 담고 있다. 영어 능력, 이력서 작성법, 인맥 관리, 비자 준비 등 취업을 위한 구체적 준비 절차도 빼놓지 않았다. 또한 지금 이 순간에도 실리콘밸리에서 열정적으로 일하고 있는 한국 청년들의 생생한 경험담을 전하고 있다. 아마 그들의 이야기에서 보다 뚜렷한 길을 찾을 수 있을 것이다. 그들은 모두 두려움과 정면 승부를 펼친 두둑한 배짱을 가진 사람들이다.

둘째, 세계의 기업들과 치열하게 경쟁하고 있는 국내 기업의 리더와 인사 책임자들이 이 책을 꼭 펼쳐보았으면 좋겠다. 애플, 구글, 인텔, HP 등 글로벌 기업의 성장 배경과 조직 문화를 비롯하여, 일류 기업의 성공 비결을 상세하게 소개하였다. 책에서 다루고 있는 기업들은 개인들의 꿈을 조직의 꿈으로 만든 훌륭한 본보기들이기 때문이다. 그들과 같이 창의적인 조직을 만들고, 성취를 이루려면, 그래서 한국의 청년들이 더 큰 꿈을 꿀 수 있도록 하려면 무엇을 바꾸고 무엇을 지켜야 하는지 알 수 있을 것이다.

셋째, 꿈을 시작하는 출발선에 선 젊음들, 그리고 오랜 고군분투 끝에 이제 그만 꿈을 접으려 하는 사람들의 손에 꼭 이 책을 쥐어주고 싶다. 오늘의 한국은 점점 더 꿈을 간직하기 힘든 세상으로 변해가고 있다. 단지 먼저 태어나 산 선배로서 후배들에게 미안한 점이 있다면, 우리 때의 젊음보다 척박한 젊음을 물려준 일이다. 그러나 꼭 전하고 싶은 말은, 피터 버클리가 강조했던 '포커스'를 잃지 말아야 한다는 것이다. 꿈은 곧 인생의 초점이며, 중심이다. 살아갈수록 이 진부한 사실을 더욱 절실하게 깨닫게 된다. 링 밖에서 지지 않아야 링에 오를 수 있다. 링 밖

사람은 사람의 꿈에 반한다

에서 지지 않아야 링 위에서 승리할 수 있다.

나는 지금 우리에게 필요한 '포커스(focus)'는 다름 아닌 '꿈(dream)'이라 생각한다. 꿈을 잃지 않아야 쓰러져도 다시 일어설 수 있고, 꿈을 잊지 말아야 비정한 기회를 잡을 수 있다. 꿈을 잃으면 정말이지 모든 것을 잃는 것과 다름없다.

꿈을 이루는 비결의 절반 이상은 꿈을 지키는 일이다. 영어사전은 'focus'의 다른 뜻을 분명하게 밝혀두고 있다. '(장소나 사건 등의) 중심지', '(지진의) 진원지'라는 뜻이 그것이다. 꿈은 나란 장소의 중심이며, 삶이란 사건의 중심이다. 그리고 단단한 꿈은 때가 되면 요동치기 마련이다. 이 책이 그 요동에 작은 힘을 보탤 수 있기를 바란다. 세상에서 가장 소중한 여러분 자신의 꿈을 지키고 단련하여, 마침내 꽃을 피우는 데 작은 도움이 되기를 간절히 희망한다.

연구실에서 겨울 어느 날

유웅환

C O N T E N T S

PART 04
더 큰 꿈을 조직하는 글로벌 리더의 10가지 조건

PROLOGUE

한국에서 나고 자란 청년이
어떻게 세계 최고 기업 7곳에서
러브콜을 받게 됐을까?

2001년 8월 27일. 이날은 한국에서 나고 자란 한 청년이 미국 땅에서, 그것도 세계적인 IT 기업들이 모여 있는 실리콘밸리에서 직장 생활을 시작하게 된 감격적인 날이다. 그리고 이 작은 책이 시작된 날이기도 하다.

나는 감히 이 책을 "꿈에 관한 책"이라 말하고 싶다. 한국에서 나고 자라 글로벌 기업에서 일하게 된 한 청년의 꿈에 관한 책 말이다. 그 청년은 확실하지 않은 미래에 불안해하기도 했지만, 인텔을 설득해 일할 곳을 얻어냈다. 시간이 지나 관리자가 되어 후배들의 꿈을 독려하고 함께 이루어가는 역할을 하기도 했다. 삼성에서는 한 사람 한 사람의 꿈을 모두의 꿈으로, 때로는 모두의 꿈을 한 사람 한 사람의 꿈으로 만드는 한 조직의 책임자로서 일하기도 했다. 그리고 지금은 현대자동차에서 차세대 미래형 자동차 개발이라는 세상의 꿈에 연대하며, 다른 기업

사람은 사람의 꿈에 반한다

들의 꿈과 경쟁하고 있다.

사실 처음부터 실리콘밸리가 내 인생의 목표였던 것은 아니다. 대학원에 다닐 때만 해도 대한민국이 아닌 다른 나라에서 직장을 구한다는 건 생각지도 못한 일이었다. 당시 나는 학회에 연구를 발표하고, 논문 준비를 하던 평범한 대학원생이었다.

기회는 작은 인연들에서 비롯되었다. 국내외 학회에 참석하며 만난 연구자들과 돈독한 관계를 유지한 게 큰 도움이 되었던 것이다. 친분이 있던 해외 연구원들에게 인턴으로 일할 수 있는 곳을 알아보고자 이메일을 보냈는데, 놀랍게도 그들은 마치 자기 일인 것처럼 발 벗고 나서 나의 일자리를 알아봐주었다.

얼마 후 나는 싱가포르 국영 연구소(Gintc)에서 1년간 객원 연구원으로 일할 수 있었다. 싱가포르 연구소의 근무 환경은 매우 합리적이고 체계적이었다. 무엇보다 개인의 자율성과 창의성을 존중해주었다. 이런 분위기에 매료된 나는 점차 해외로 눈을 돌리기 시작했다.

해외 기업의 문을 두드려 보는 건 어떨까? 세계 각지의 젊은이들이 모여 있는 실리콘밸리에서 일을 해볼 수도 있지 않을까? 나의 꿈을 세계라는 무대에서 펼칠 수 있다면 더 신나지 않을까? 이렇듯 싱가포르에서 체류를 시작한 지 7개월 정도가 되었을 무렵, 나는 본격적으로 실리콘밸리 진출을 계획하게 되었다.

나는 어느덧 이름만 들어도 가슴이 설레던 기업들에 이력서를 돌리고 있었다. 그리고 마침내 내가 원했던 회사들로부터 나를 직접 만나보고 싶다는 대답을 받을 수 있었다.

설레는 마음에 잠을 설쳐가면서 면접 일정을 세웠다. 총 10박 11일 간의 미국 방문 기간 동안 모든 일정을 소화하기 위해서는 아주 세세한 일정표를 만들어야 했다. 나는 일정표의 맨 위에 '드림 트립(Dream Trip)'이라는 제목을 써 넣었다.

비행기에서 잠을 이룰 수 없었다. 아마도 꿈이 현실이 될 수도 있겠다는 기대감 때문이었을 것이다. 사실 직접 얼굴을 맞대고 진행되는 현지 면접은 지원자에 대한 어느 정도의 검증 절차를 마친 후에 진행된다. 오히려 기업의 매니저들이 자기 회사에 대한 소개와 홍보를 더 적극적으로 해오는 경우가 많았다.

일정표에 맞춰 한 회사 한 회사를 방문했다. 떨리는 마음으로 면접을 마쳤다. 몸은 녹초가 되었지만, 이상하게도 지치지 않았다. 일부 회사를 제외하고는 면접이 끝나고 하루 이틀 내에 합격 통보와 함께 오퍼가 왔다. 이른바 러브콜이다! 인텔, 필립스반도체, 컴팩, IBM 왓슨, 마이크론테크놀로지, 옵트로닉스 등의 회사에서 내가 그들과 함께 일하기를 원했다.

2001년 8월 27일 나는 인텔에 출근을 했다. 그리고 그후 인텔에서 10년 동안 근무했다. 나는 그곳에서 몸으로 느꼈다. 한국의 젊은 청년들이 세계의 인재들과 겨루어도 결코 뒤지지 않는 실력과 태도를 갖고 있다는 것을. 그리고 한국으로 돌아와 삼성전자에서 일하면서, 또한 차세대 미래형 자동차 개발에 박차를 가하며 세계 유수의 자동차 기업들과 경쟁하고 있는 현대자동차 연구소에서 일하면서 그 느낌은 확신으로 바뀌었다.

사람은 사람의 꿈에 반한다

지금 여러분의 능력이면 충분하다! 나는 지금부터 내가 몸담았던 실리콘밸리를 중심으로 글로벌 취업에 대해 이야기하고자 한다. 이 땅이 척박하다면 소중한 꿈의 씨앗을 과감하게 다른 땅에 뿌려보자고 제안하고자 한다. 물론 씨앗을 뿌리는 장소가 중요한 것은 아니다. 초점은 어떻게 꿈의 씨앗을 싹 틔울 것인지에 있다.

사람은 사람의 꿈에 반한다

PART 01

7개 글로벌 기업의
러브콜!

행운은 준비된 사람에게 미소를 짓는다.
'나는 정말 운이 없다'라는 생각은 다가오는 행운도 밀쳐낸다.

글로벌 취업을 위해서는 크게 두 종류의 인터뷰를 거쳐야 한다. 하나는 전화 인터뷰고, 다른 하나는 현지에서 직접 인터뷰를 받는 온 사이트 인터뷰(on site interview)이다. 많은 미국계 기업들이 비용 절감을 위해 전화 인터뷰를 다단계로 진행하고, 최종적으로 지원자를 현지로 불러 면접을 본다. 나 역시 싱가포르를 떠나 미국에 가기 전까지 무려 5개월이란 시간 동안 전화 인터뷰를 해야 했다.

인텔 산타클라라 사이트에서 근무하는 매니저와의 전화 인터뷰는 황당함 그 자체였다. 그는 시종일관 상대의 숨통을 조르듯 질문 공세를 퍼부었다. 무방비 상태로 공격을 받던 중에 이성을 잃었던 것인지 나는 부모에게 반항하는 사춘기 소년처럼 대들기 시작했다. 곰곰이 생각해보니 상대방의 패가 그리 좋지 않다는 것을 직감적으로 알아차렸던 것 같다. 그래서 당신들 회사의 신조와 비전은 무엇이며, 부서 규모는 어느 정도며, 성장 가능한 부서인지, 논리적이면서도 약간의 감정이 섞인 질문을 내가 오히려 퍼부었다.

결과는 합격이었다. 한국식 인터뷰에 길들여진 사람들은 미국계 기업들과의 전화 인터뷰에 당혹스러워한다. 한국의 인터뷰가 면접관이 묻는 질문에 지원자가 대답을 하는 일방향적 면접이라면, 그들의 인터뷰는 양방향적이라는 점을 기억해둘 필요가 있다.

면접이란 나의 꿈을 피력하는 자리이다. 자신에게 그 꿈을 이룰 수 있는 능력과 열정이 있음을 상대에게 설득하는 자리이다. 그리고 회사는 회사의 꿈을 이루는 데 필요한 사람을 찾기 위해 옥석을 가린다. 이뿐만이 아니다. 지금 나를 면접하고 있는 이 회사가 나의 꿈을 펼칠 수 있는 곳인지 확인하는 자리이기도 하다.

돌이켜보면, 이후 다른 회사와의 전화 인터뷰에서도, 상하 관계에 익숙했던 수동적인 자세에서 벗어나면서 비로소 양방향 커뮤니케이션이 가능했다. 면접을 하는 사람과 면접을 당하는 사람이라는 프레임에서 벗어나야 한다. 면접과 피면접의 프레임은 그 출발부터 지원자에게 유리할 수가 없다. 상대가 나를 면접하듯, 나 역시 상대를 면접한다는 자세, 즉 프레임의 변화가 필요하다.

해외 취업 준비자들의 가장 큰 약점은 정보력과 경험의 부재이다. 당시 나는 무인도에 떨어진 사람처럼 고립되어 있었다. 면접관의 예측할 수 없는 질문에 대처하는 것이 가장 어려운 점이었다. 인터뷰를 도와줄 선배도, 참고할 만한 책도 변변치 않았다. 불현듯 해결책이 떠올랐다. 예상 질문지가 없으면 내가 만들자! 전화 인터뷰 내용을 기록하

사람은 사람의 꿈에 반한다

고 정리했다. 인터뷰 도중 간단한 메모는 기본이고, 메모 내용을 인터뷰 후에 하나의 글로 정리했다. 다행히도 대부분의 전화 인터뷰가 연구소 출근 시간 전에 이루어졌기 때문에 인터뷰를 하고 나서도 한두 시간 정도 여유가 있었다. 그 틈을 활용해 마치 바둑을 복기하듯이 인터뷰 내용들을 써내려갔다.

그렇게 정리된 글들이 쌓이자 더할 나위 없이 훌륭한 인터뷰 참고서가 되었다. 면접관들의 질문을 찬찬히 훑어보니, 상투적인 질문과 급소를 찌르는 질문들을 구분할 수 있었다. 예상 질문을 추려내는 건 물론이고, 또 그런 질문에 대한 나의 대답을 정리하면서 다음 인터뷰에 대비할 수 있었다.

실제로 전에 받았던 것과 유사한 질문에 대한 인터뷰에서는 나만의 참고서를 커닝 페이퍼 삼아서 마치 그 분야의 전문가라도 된 것처럼 자신만만하게 대답을 한 적도 있다. 더욱 중요한 것은 어느 일에나 믿을 구석이 있으면 자신감도 따라온다는 점이었다. 준비가 자신감을 만든다. 만약 자신감이 부족하다면 나의 준비가 현재 어떤 상황인지 시급하게 점검해야 한다.

인터뷰 결과는 만족스러웠다. 필립스반도체, 인텔, 마이크론테크놀로지, IBM 왓슨 연구소, 옵트로닉스, 컴팩 등으로부터 전화 인터뷰 합격 통보를 받았다. 그중에서 인텔은 폴섬(Folsom), 산타클라라(Santa Clara), 피닉스(Phoenix) 사이트 세 군데 모두 합격하는 믿기지 않는 일이 벌어졌다.

드림 트립,
스스로 계획하고
스스로 실행하다

스스로 돕지 않는 자에게는 기회도 힘을 빌려주지 않는다.
_ 소포클레스

나는 얼마 지나지 않아 너무 일찍 샴페인을 터트려버렸다는 걸 깨달 아야 했다. 어쩐 일인지 미국으로 건너와서 온 사이트 인터뷰를 하자고 제안하는 회사가 없었다. 처음에는 넋 놓고 전화기만 바라보면서 기다 렸다. 나중에 몇 군데에서 전화가 왔는데 매니저들이 하나같이 "미국에 올 일이 있으면 인터뷰를 했으면 좋겠다"라는 모호한 말만 남겼다. 그 행간의 의미를 파악하지 못해서 한동안은 공연히 먼 산만 쳐다보았다. 온 사이트 인터뷰를 하자는 건지 말자는 건지 도무지 감이 오지 않았다.

돌이켜 생각해보면, 실리콘밸리에서 한국인을, 그것도 미국에서 유 학한 사람도 아닌 나 같은 엔지니어를 무턱대고 초대할 이유가 없었을 지도 모른다. 실제로, 전화 인터뷰에서 호감을 가졌다고 해도 일면식도 없는 사람을 위해서 선뜻 왕복 비행기 티켓 비용과 숙박비까지 지불할 대범한 회사는 많지 않다. 나중에 매니저로 일하면서 경험한 바인데, 실

사람은 사람의 꿈에 반한다

제로 어느 부서에 공석이 생겨서 채용 공고를 내면 하루에 100명씩 지원자가 불어난다. 게다가 미국 현지에도 인재들이 넘쳐나는데 구태여 해외에서 찾을 필요가 있겠는가.

결국 수동적인 나의 자세에 문제가 있음을 알게 되었다. 내가 직접 미국에 가는 것만이 유일한 해답이었다. 자비를 쓰지 않으면서도 회사의 정식 절차에 어긋나지 않는 온 사이트 인터뷰 방법을 스스로 모색해야만 했다.

그래서 결론을 내렸다. 한 번의 미국 여행으로 모든 면접을 해결하자! 한 기업이 나를 부르려면 당시 내가 체류하고 있던 싱가포르에서 미국 현지까지 왕복 비행기 티켓과 온 사이트 인터뷰가 진행될 기간 동안의 호텔 숙박비가 필요했다. 면접에 드는 경비를 각 회사에게 적당히 분담하라고 하면 어떨까? 이런 아이디어를 구체적인 계획표를 만들어가면서 실제로 제안서를 작성해보았다. 어차피 밑져야 본전이었다. 최종적으로 10박 11일의 여행 일정을 짰고 5개의 회사에게 경비를 분담할 수 있도록 제안했다. 내게 호의적이었던 두 군데 회사에 각각 싱가포르에서 미국행 비행기 비용과 미국에서 싱가포르행 비행기 비용 지불을 부탁했고, 나머지 회사들에게는 미국 국내선 비행기 비용을 부탁했다.

요일별로 이동 경로와 숙박 장소를 구체적으로 기록한 계획서는 각 회사 매니저들로부터 긍정적인 반응을 얻었다. 회사 입장에서는 최소 비용으로 나를 부를 수 있어서 좋았을 테고, 나는 모든 회사로부터 인터뷰 기회를 얻었으니, 이것이야말로 윈-윈(win-win) 전략이었던 셈이다.

드림 트립
일정표

	12월 11일(월)	12월 12일(화)	12월 13일(수)	12월 14일(목)	12월 15일(금)
회사			인텔		마이크론
인터뷰 장소			폴섬/캘리포니아		보이시/아이다호
도착지	LA	폴섬	폴섬	보이시	보이시
비행시간	17시간	1.5시간		2시간	
거리	7000마일	400마일		560마일	
출발	오전 7:35	오후 1~2시		오후 1~2시	
도착	오전 9:35	오후 3~4시		오후 4~5시	
비용 지불	마이크론		인텔 폴섬		마이크론
비행	싱가포르→LA	LA→새크라멘토		새크라멘토→보이시	
렌트카			12/11~14		12/14~16
숙소			12/11~14		12/14~16

사람은 사람의 꿈에 반한다

12월 16일(토)	12월 17일(일)	12월 18일(월)	12월 19일(화)	12월 20일(수)	12월 21일(목)
		IBM	옵트로닉스	컴팩	
		요크타운/뉴욕	앨런타운/펜실베니아	슈루즈버리/메사추세츠	
요크타운	요크타운	앨런타운	보스턴	보스턴	싱가포르
6시간			1시간		20시간
2100마일			300마일		10000마일
오전 10~11시			오후 4~5시		오전11~12시
오후 7~8시			오후 8~10시		
		IBM	옵트로닉스	컴팩	
보이시→라과디아			필라델피아→보스턴		보스턴→싱가포르
		12/16~18	12/18~19	12/19~21	
		12/16~18	12/18~19	12/19~21	

물론 이러한 인터뷰 방식이 하나의 표본이 될 수는 없다. 가끔 미국 취업을 목표로 하는 후배들에게 나는 가급적 현지에 머무를 수 있는 방법을 찾으라고 권유한다. 전화 인터뷰 단계가 지나면 언제 어디로 지원자를 부를지 모르기 때문에 가급적 현지에서 머무르면서 기다리는 게 유리하기 때문이다. 단기적으로는 여행 비자로 가는 방법도 있지만, 어학연수 등을 하면서 미국에 머무르는 것도 하나의 방법이다. 무리한 일정 속에서 릴레이 인터뷰를 하는 건 육체적으로나 정신적으로 무리이다.

그러나 여건이 허락하지 않는다면, 아쉬운 쪽에서 보다 적극적으로 방법을 찾아야 한다. 적극적인 사람을 싫어하는 회사는 없다. 게다가 지원자가 찾아낸 방법이 합리적이고 매력적이라면 그 지원자에 대한 호감은 더욱 상승하기 마련이다.

온 사이트 인터뷰를 하기에 여건이 불리한 지원자라면 최소한의 동선 내에서 담당 매니저와 만날 수 있는 방법을 생각해보는 게 좋다. 이를테면 인터뷰 담당자의 출장 스케줄이나 학회 일정 등을 따져보아 양쪽 모두가 편한 장소에서 만나는 방법을 구상해보는 것도 인터뷰를 성사시키는 방법 중 하나이다. 인터뷰를 성사시키는 것이 급선무 아닌가. 그리고 전략 및 기획력도 인터뷰의 평가 지표 중 하나라는 걸 기억하길 바란다.

해프닝으로 끝나버린
어처구니없는 실수

아침에 일어나서 밤에 잠자리에 들 수 있다면,
그리고 그 사이에 자기가 하고 싶은 일을 할 수 있다면,
그 사람은 완벽히 성공한 사람이다.
_ 밥 딜런

나의 드림 트립을 시작하기 전, 즉 전화 인터뷰 과정에서 나는 한 가지 해프닝을 겪었다. 만약 그 일이 무사히 마무리되었다면 아마 나는 인텔의 세 사이트에 동시 합격한 최초의 한국인으로 기록되었을 수도 있었을 것이다. 당시 나는 전화 면접으로 인텔의 폴섬, 산타클라라, 피닉스에 합격한 상태였다. 세 군데 사이트에서 각기 다른 매니저와 전화 인터뷰를 했고, 그 세 곳으로부터 모두 합격 통지를 받았다.

온 사이트 인터뷰 일정을 가장 먼저 정한 건 인텔의 폴섬 사이트였다. 인텔에서는 해외 취업 지원자를 위해 글로벌 서비스 데스크를 운영하고 있다. 이 부서는 취업 지원자들이 질문을 하면 친절하게 대답해주는 일종의 콜센터와 같은 역할을 하는 곳으로, 온 사이트 인터뷰 일정을 조정해주는 곳이기도 하다.

나의 문어발식 인터뷰 진행이 발각된 것도 이 부서로부터이다. 폴섬

사이트의 온 사이트 인터뷰 일정을 확인하면서 산타클라라와 피닉스 사이트의 온 사이트 인터뷰 일정도 조율하려고 했을 때, 덜컥 덜미가 잡힌 것이다. 담당자로부터 세 군데 모두 인터뷰를 진행하는 건 불가능하다는 통보를 받았다. 그 일로 나는 한동안 적잖은 충격과 당황, 부끄러움에 시달려야 했다.

각 사이트의 매니저들도 당황했다. 그들은 한 부서에서 오퍼를 받기 전까지는 다른 부서의 온 사이트 인터뷰 진행이 불가능한데, 도대체 넌 무슨 생각으로 그랬냐는 듯이 다그쳤다. 나는 해외에 체류 중이다, 미국에 가는 김에 모두 인터뷰를 하고 싶었다, 이렇게 사정해봤지만 결과는 좋지 않았다. 가장 먼저 온 사이트 인터뷰 일정을 조율한 폴섬에서만 인터뷰가 가능하다는 답변이 돌아왔다. 인텔의 경우 사내 부서들 간의 경쟁을 방지하고자 한 사람이 동시에 여러 부서에서 인터뷰를 진행하는 것을 금지하고 있었다. 결국 이 일은 교통 법규도 모르고 운전을 하는 것과 같은 한 미숙한 취업 지원자의 실수로 일단락되었다.

당시 나는 여느 취업 준비생들이 그러하듯이 가고 싶은 회사에 대한 뚜렷한 목표 설정보다는 어느 곳이든 나를 뽑아주는 회사가 있다면 일단 들어가고 보겠다는 절박한 심정이었다. 사실 미국과 실리콘밸리라는 추상적인 목표만 있었을 뿐 특정 기업의 특정 부서를 염두에 두고 있지는 않았다.

동시다발적인 지원으로 이득을 본 부분도 없지 않았다. 여러 회사에 문을 두드리고 수차례 전화 인터뷰를 하면서 인터뷰 자체에 대한 두려움을 극복할 수 있었다. 업계의 동향과 현지에서 필요로 하는 역량이 무엇인지 파악할 수도 있었다. 또한 각 회사별로 장단점을 비교해볼 수 있었던 것도 나름의 수확이었다.

하지만 뚜렷한 목표가 없는 상태라면 일생일대의 기회를 그냥 지나쳐버릴 수도 있다. 막연히 회사의 이름값만 생각하고 이곳저곳 지원해서 적성에도 맞지 않는 부서에서 일을 하게 된다면, 그 피해는 회사를 비롯해 지원자 본인에게 고스란히 돌아오기 마련이다.

직장을 구하는 것도 어렵지만, 직장을 바꾸는 것도 결코 쉽지 않은 일이다. 한 직장을 그만두고 새 직장을 구하려면 반드시 전 직장을 왜 그만두는 것인지 소명해야 한다. 그리고 새로운 회사는 이 직원이 우리 회사와 맞지 않는다고 또 그만두면 어떡하지, 라는 걱정을 하기 마련이다. 게다가 직종, 즉 업을 바꾸기란 더욱 어렵다.

그래서 나의 꿈을 가다듬는 것이 중요한 것이다. 나는 무엇을 하고 싶어 하는지, 나는 무엇을 할 때 즐거운지, 무엇을 하면 보람이 있을지, 만족할지, 그리고 나는 무엇을 잘하는지, 조금 더 거창하게는 내 계획의 비전은 무엇인지, 묻고 또 물어야 한다. 그리고 그 답에 부합하는 길을 찾고 그려야 한다. 그러니 흔들리지 말자. 현혹되고 미혹되지 말자. 불안해서 떼 지어 흐르는 물처럼 흘러가지 말자. 그럴수록 사람은 나약해진다. 꿈이 단단한 사람이 척박한 세상을 버티는 힘도 세다.

너무나도 파격적인
제안

나의 외부로부터의 인정을 갈구하는 것만큼
나를 외롭게 만드는 것도 없지만, 인정을 받을 때의 기쁨처럼 더한 것도 없다.

미국행 비행기에 몸을 싣고 도착한 캘리포니아 주 새크라멘토 카운티 폴섬에서 인텔과의 인터뷰가 예정되어 있었다. 폴섬의 인구는 약 7만 명가량으로, 이 중 노동 인구의 상당수는 인텔 또는 인텔과 협력 관계를 맺고 있는 회사에서 일하고 있다. 폴섬에 두 개의 심장이 있다면 그중 하나는 분명 인텔일 것이다.

역사적으로 폴섬은 금광과 목장으로 유명한 곳으로 금광을 두고 다툼을 벌이는 서부 개척자들의 이야기를 다룬 하워드 혹스 감독의 1967년 작품인 〈엘도라도〉의 실제 배경이 된 엘도라도가 지척에 있었다. 지리적으로 서부 개척과 골드러시의 상징이었던 곳인 만큼 주변 풍광을 쳐다만 보아도 낭만에 잠길 수 있다. 특히 폴섬 호수에서 시작된 아메리칸 리버를 따라 줄지어 늘어선 야트막한 언덕 위로 한가로이 풀을 뜯는 소들을 보고 있노라면 당장이라도 뛰쳐나가 들판을 내달리고 싶은 충동을 느끼게 된다.

그러나 현실에서는 낭만도 사치에 지나지 않았다. 공항에 도착해서 숙소로 가는 길에서부터 고난의 연속이었다. 해는 서산으로 기울어 어둑해지고 있는데 나는 마치 고추잠자리처럼 한 자리를 맴돌고 있었다. 운전과 길 찾기는 타고났다고 자부해왔는데 공항에서 구한 작은 지도 한 장만으로는 역부족이었다. 당시에 내비게이션이 없었다고는 해도 지리 정보를 충분히 숙지하지 않은 것은 변명의 여지없는 초보 여행자의 실수였다. 결국 밤하늘에 빛나는 별들의 위로를 받으면서 숙소에 들어오자마자 침대에 쓰러져 잤다.

다음 날 아침, 드디어 결전의 날이 밝았다. 이날은 인텔 폴섬 사이트에서 총 일곱 명의 매니저들과 인터뷰 일정이 잡혀 있었다. 가장 먼저 만난 인사과 직원이 회사의 역사, 복지 정책, 그리고 추후에 비자 문제 해결 방법 등에 대해서 일러주었고, 마지막으로 당일 인터뷰 일정을 꼼꼼하게 체크해주었다. 그러고 나서야 매니저들의 면면을 확인했는데, 그 명단을 보자마자 나는 침을 꿀꺽 삼키고 심호흡을 할 수밖에 없었다. 면접관 중 일부는 당시 IBIS(I/O Buffer Information Specification)라는 모델을 세계 최초로 개발해 반도체 시장의 이목을 집중시킨 장본인들이었다. 만만치 않은 인터뷰가 될 것 같다는 생각에 인터뷰 시작 전부터 다리에 힘이 풀리고 말았다.

약간의 흥분과 긴장이 섞인 몽롱한 상태에서 인터뷰를 시작했다. 전체적으로 분위기는 호의적이었다. 전화 인터뷰 때처럼 기술적인 질문을 심도 있게 하는 사람은 없었다. 대부분의 매니저들은 나를 동양에서 온 천재 엔지니어마냥 대접해주었다. 아마도 내 논문 실적을 보고 그런 판단을 했던 게 아닐까 생각한다. 사실 박사 과정 중에 기회가 주어질 때마다 학회에서 발표를 하거나 논문을 발표했는데, 그렇게 차곡차곡 쌓은 논문이 대략 50편이 넘었으니 분명 양적인 수준에서 인터뷰 담당자들을 압도할 만했다. 그러나 그들이 정말 내 논문들을 질적으로 평가했는지 여부는 확실치 않다.

졸지에 천재 엔지니어 대접을 받았던 나의 첫 실전 인터뷰는 이처럼 어색한 공기 속에서 시작되었다. 그럼에도 환대를 받고 있다는 느낌은 확실히 받았다. 공격적인 질문도 많지 않았고, 또 질의응답 자체가 회사 이야기를 중심으로 흘러가면서 화기애애한 분위기가 조성되었다. 그들은 이미 나를 자신들의 동료이자 같은 회사 식구로 받아들이는 것 같았다. 진정, 인텔이라는 세계 굴지의 기업이 나를 원한단 말인가! 그때 이미 나는 인텔의 사원증을 가슴에 단 것만 같았다.

고용 담당 매니저와 저녁 식사를 할 때도 같은 기분이었다. 나와 함께 저녁을 먹은 그 매니저는 이미 다른 매니저들이 작성한 인터뷰 평가서를 들고 있었다. 그는 내게 다른 회사로부터 오퍼를 받은 게 있는지, 또 다른 회사와 계약을 이행해야 하는 사항이 있는지 물었다. 나는 미국에 오기 전에 필립스 반도체와 인터뷰를 했으며 이미 그 회사로부터 오퍼를 받은 상태라고 말했다. 또한 삼성에서 5년간 장학금을 받아서 10년 동안 그 회사에서 근무해야 하며, 계약 불이행 시 지불해야 할 금액이 대략 6만 달러 정도 된다고 했다.

그러자 그가 결단을 내리듯 내게 조건을 제시해주었다. 그는 정식 오

사람은 사람의 꿈에 반한다

퍼가 나오기 전에 구두로 오퍼를 작성하겠으며, 계약 조건은 고용 보너스 12만 달러, 이주비 4만 달러, 거기에 8천 주의 주식을 주겠다고 말했다. 예상치 못했던 높은 금액에 한 번 놀라고 그가 제안한 또 다른 조건 때문에 한 번 더 놀랐다. 보통 인텔 엔지니어의 직급은 3~13단계로 구분하고 있으며, 보통 박사 학위를 받고 오면 7단계, 한국으로 치면 과장급에서 시작한다. 그런데 나는 8단계, 한국으로 치면 차장급 정도에서 일을 시작할 수 있게끔 배려해주겠다고 했다. 오퍼를 주는 것만으로도 감사한데 과분할 정도의 대우여서 아연실색할 지경이었다. 아직 다른 회사 인터뷰 일정이 한참 더 남아 있었지만 이런 좋은 조건을 놓치면 안 된다고 생각했다. 어쩌면 그때 나는 이미 인텔의 직원이 되겠다는 결심을 하고 있었는지도 모르겠다.

마이크론테크놀로지

인연은
계속된다

항해를 할 때마다 차이가 나는 것은 배 때문이 아니다.
그것은 배 안에서 만나게 되는 사람들 때문이다.
_ 아멜리아 버Amelia Burr

　　마이크론테크놀로지와의 인터뷰를 위해 북쪽에 위치한 아이다호 주
의 보이시로 갔다. 지리적으로는 아이다호 남서쪽에 위치한 보이시는
해발 고도만 825미터에 이르는 고산지대이다. 도심은 평지에 위치하
고 있으나 그 주변으로 산들이 병풍처럼 두르고 있다. 특히나 로키 산
맥의 끝자락이 북동쪽에서 남동쪽 방향으로 뻗어 있어, 겨울이 되면 산
을 뒤덮은 눈이 도시 전체를 하얗게 비추면서 한 폭의 그림 같은 장관
이 펼쳐진다.

　　첫 인상은 그다지 좋지 않았다. 내가 갔을 때가 12월이었으니 이미
곳곳에 눈이 쌓여 있었다. 쌀쌀한 날씨는 차치하고 높은 지형과 시야를
가로막는 산들이 답답했다. 타지로 나가려면 비행기를 이용하는 편이
좋을 정도로 고립된 곳이라는 생각에 숨이 턱 하고 막히는 기분이었다.
외부 세계로부터 조금은 동떨어진 곳이라서 그런지 사람들의 모습에서

사람은 사람의 꿈에 반한다

느긋함을 볼 수 있었다. 그들은 남들보다 느리게 걷고 남들보다 느긋하게 일하면서 누구보다 여유롭게 살아가고 있는 듯했다.

이날 인터뷰를 하기로 했던 마이크론테크놀로지는 1978년 설립된 유서 깊은 메모리 반도체 회사로 해당 분야에서 삼성과 세계 1, 2위를 놓고 경쟁을 벌이던 곳이었다. 그 때문인지 인터뷰 전부터 내심 마이크론테크놀로지와 삼성을 저울질해보고 있었다. 사실 그런 짓궂은 생각은 면접을 앞두고 긴장감을 해소하기 위한 자기 치료에 가까웠다. 대한민국은 반도체 시장에서 최강국으로 군림하고 있고, 나로 말할 것 같으면 그런 나라에서 교육받은 엔지니어기 때문에 괜히 면접관 앞에서 주눅들 필요가 없다는 식으로 자기 최면을 걸었던 것이다.

총 7명의 매니저와 인터뷰를 했다. 대체적으로 호의적인 분위기를 넘어서 내 집 안방에 있는 것처럼 편안한 느낌을 받았다. 그들은 나를 회사 곳곳으로 안내하면서 자신들이 시뮬레이션한 도구나 측정 장비를 보여주었다. 이런 여유 있는 대화 분위기 때문에 역으로 내 자신을 적극적으로 홍보할 틈도 생겼다. 나는 인터뷰 중간중간 미리 준비해 간 자료나 샘플들을 꺼내 놓으며 즉석에서 자기 홍보를 하기도 했다. 그곳의 매니저들은 내 이력을 훑어보면서 어떻게 한국 박사들은 단기간에 그렇게나 많은 실험과 연구를 할 수 있는지 이해할 수 없다는 눈빛을 보였다. 입을 다물지 못하는 그들의 모습을 보자 저절로 어깨가 올라갔다.

화기애애한 분위기는 점심 식사 시간으로 이어졌다. 당시 크리스마스를 보름 정도 남겨둔 상황이었는데, 매니저들은 모두 크리스마스 연휴를 어떻게 보낼지에 대해서 이야기를 나누었다. 사내 파티를 열자는 이야기가 나오면서, 크리스마스트리를 만드는 방법에 대한 대화가 오갔고, 한술 더 떠서 가족 선물로는 뭐가 좋을지를 두고 갑론을박을 벌이기도 했다. 밥 먹는 시간 내내 업무와 관련된 이야기는 단 한 마디도 나오지 않았다. 알고 봤더니 마이크론테크놀로지는 크리스마스 약 보름 전부터 회사 전 직원이 휴가에 들어간다고 했다. 보이시라는 도시에 처음 왔을 때 느꼈던 아늑함과 여유를 마이크론테크놀로지 안에서도 느낄 수 있었다. 반도체 분야에서 세계 최고라고 해도 어색하지 않을 그런 기업의 직원들이 일에 대한 강박을 갖고 있지 않다는 게 마냥 신기했다. 놀 줄 아는 사람이 일도 잘 한다는 말처럼 그들은 노동과 삶의 균형을 유지하는 비법을 알고 있는 듯했다. 그들의 여유로운 모습이 내게는 문화적 충격이었고, 또 그렇게 일을 하는 그들의 모습이 매력적으로 보였다.

이날 만났던 마이크론테크놀로지의 테리 리(Terry Lee)라는 매니저 또한 매력덩어리였다. 그는 메모리 분야에서 활발히 활동하고 있는 엔지니어 중 한 명이었으며 당시에는 고용 담당 매니저로 일하고 있었다. 훤칠한 키와 깔끔한 외모 덕에 실제 나이보다 젊어 보였고 행동 하나하나에서 신사적인 분위기가 흘렀다. 그가 거둔 기술적인 성과만으로도 아우라를 뿜어내는데 거기에 더해 사람 됨됨이까지도 좋으니 자석처럼 끌릴 수밖에 없었다.

인터뷰가 끝나고 테리 리와 오퍼에 관한 이야기를 나누었다. 인텔에서 구두 오퍼를 받을 때 그랬던 것처럼, 그도 내게 다른 회사에서 오퍼를 받은 게 있는지, 그리고 다른 곳과 계약으로 묶여 있는지 물었다. 실제로 그는 곧바로 오퍼를 주겠다는 확답을 주었는데, 그런 결단력 있는 모습을 보면서 매니저가 채용에 있어서 전권을 행사할 수 있는 위치에 있다는 걸 알게 되었다. 아마도 그날 테리 리가 보여주었던 결단력과 리더십이 장차 내가 매니저로 일하는 데 조금이나마 영향을 주었던 것 같다.

나와 마이크론테크놀로지와의 인연은 그 후로도 계속되었다. 나중에는 학회에서 마이크론테크놀로지의 매니저들을 만나는 경우도 많았고, 또 실제 업무에서 마이크론테크놀로지가 협력 관계인 경우가 있어서 그들과 지속적으로 교류를 할 수 있었다. 진심인지 농담인지 몰라도 그들 중 한 명은 나를 놓친 게 그들의 큰 실수였다는 말을 해주기도 했다. 비록 작은 인연으로 시작했지만 마이크론테크놀로지와는 오랜 시간 동안 같은 분야에서 선의의 경쟁자이자 또 마음속으로는 서로를 응원하는 친구 이상의 관계를 유지할 수 있었다.

열일곱 번의
일대일 인터뷰

상대의 '안녕'을 묻는 일,
가볍게 날씨 이야기를 건네는 일은 사람과 사람이라는 사이를 만드는 데
가장 중요한 일일 수도 있다.

나의 드림 트립은 서부에서 동부로 이어졌다. 같은 미국이었지만 서부의 끝에서 동부의 끝은 시차만 세 시간. 아침 9시에 비행기를 타자마자 시계를 오후 12시에 맞추었다. 뉴욕 공항에 도착했을 때는 저녁 6시였고 숙소로 출발할 때 해가 지고 밤이 찾아오고 있었다. 터널을 가로지르듯 밤공기를 가르고 울창한 숲을 헤쳐 나가던 중에 한 줄기 빛을 만났다. 그 길의 끝에서 IBM 왓슨 연구소를 만날 수 있었다.

IBM 왓슨 연구소는 일단 시각적으로 보는 이를 사로잡는다. 사계절 옷을 갈아입는 나무들이 즐비해 있는 수풀 한가운데 서 있는 IBM 왓슨 연구소의 외관은 초승달 모양에 가까웠다. 흡사 달이 바닥에 사뿐히 내려와 앉아 있는 것 같은 우아한 모습이었다. 1961년 완공된 이 연구소 건물은 세계적인 건축가 이에로 사리넨(Eero Saarinen)이 설계한 것으로 총 3층 높이에 벽면 전체를 유리로 둘러 내부를 훤히 들여다볼 수 있다.

그리고 철제 구조물을 활용한 기하학적인 형상은 마치 건물이 하나의 생명체 같기도 했다. 건물의 주요 자재인 유리와 철의 모던함 그리고 연구소 내부의 조명이 일으키는 착시 효과로 인해서 깜깜한 밤중에 바라본 연구소는 흡사 미래 도시의 일부와 같이 느껴졌다.

IBM 왓슨 연구소는 노벨상 수상자를 다수 배출할 만큼 세계 최고의 두뇌들이 모이는 곳으로 명성이 자자하다. 또 그만큼 취업 과정에서 까다롭기로도 악명이 높다. 당초 이곳에서의 온 사이트 인터뷰는 1박 2일간에 걸쳐 총 17명의 매니저와의 일대일 인터뷰로 진행될 예정이었다. 그러나 체류 기간이 짧았던 내 사정상 모든 인터뷰를 하루 만에 소화해야 했다. 본의 아니게 오전부터 저녁때까지 1명당 30분꼴로 총 8시간 30분에 걸친 마라톤 인터뷰를 할 수밖에 없었다.

게다가 인터뷰 직전에 논문 발표를 해야만 했다. IBM 왓슨 연구소에는 지원자가 자신의 연구 분야에 대해서 공개적으로 발표하는 전통이 있었다. 아침에 도착하자마자 당시 최종심사만을 남겨 두고 있던 내 박사 학위 논문을 가지고 약 30분에 걸쳐 발표를 했다. 어눌한 영어로 겨우 발표를 끝내고 객석에 앉은 연구원들의 고강도 질문에 가까스로 응답을 하고 퇴장할 때였다. 앞서가던 수석 매니저가 자신보다 한 단계 아래에 있는 매니저에게 "저 사람 전화 인터뷰 한 것 맞아?"라고 묻는 걸 우연히 들었다. 순간 심장에 총 맞은 것처럼 그 자리에 곧추서 버리고 말았다. 어눌한 내 영어가 문제였는지, 아님 내 연구의 질이 낮았는지 확실하지는 않지만 IBM 왓슨 연구소의 문턱이 높다는 것을 뼈저리게 느낄 수 있었다.

첫 단추를 잘못 채웠다는 생각에 인터뷰 하나하나가 모두 고역이었다. 잠시 쉴 틈도 없이 한 직원의 안내에 따라서 각 방을 돌아다니면서 인터뷰를 했다. 점심도 대충 음식물을 위로 밀어 넣는다는 생각으로 빨리 해치워야 했다. 그러던 중에 문득 마이크론테크놀로지에서 여유롭게 즐겼던 점심 식사가 생각이 났다. 천국에 있던 게 분명 엊그제인데……. 그렇게 정신없이 온갖 모욕과 굴욕을 삼켜가면서 천신만고 끝에 인터뷰를 모두 마쳤을 때다. 이제는 진짜 쉴 수 있겠지 하는 마음으로 발걸음을 옮기는데 한 매니저가 다가와서는 저녁 식사가 남았다고 했다. 물론 그 저녁 식사도 인터뷰의 연장이었다.

매니저들이 부부 동반으로 참석해 지원자와 함께 식사를 하는 것이 인터뷰의 마지막 관문이었다. 이 또한 IBM 왓슨의 전통으로, 일상적인 식사 자리를 통해서 지원자의 사교력과 친화력 등을 평가하는 것이다. 나와 같은 지원자에게 가장 힘든 부분은 매니저의 아내들과 대화를 나누는 것이었다. 모든 엔지니어들이 자기 전공 분야에 관해서는 책 한 권 분량의 이야기를 꺼낼 수 있겠지만 미국 여성들과의 대화에서는 속수무책으로 벙어리가 되기 쉽다. 평소 여성들이 즐겨 보는 드라마에 대한 배경 지식을 늘어놓고, 옷과 액세서리, 그리고 자녀 교육에 관한 시시콜콜한 대화에 능청스럽게 낀다는 것 자체가 엔지니어로서 반평생을 살아온 사람에게는 불가능한 일에 가깝다. 혹여 IBM 왓슨 연구소에 지원할 요량이라면 이러한 비공식적인 인터뷰가 있다는 사실도 기억해두길 바란다.

IBM 왓슨 연구소의 인터뷰는 체력전이다. 논문 발표에서부터 매니

　　　　　　　　　　　　　사람은 사람의 꿈에 반한다

저들과의 긴 인터뷰는 지원자를 발가벗겨 놓기 때문에 행여나 준비가 부족한 사람은 망신당하기에 좋다. 그래도 이때의 경험으로 배운 게 하나 있다. 살아가면서 모욕과 굴욕의 순간은 언제 어디서든 찾아오기 마련이며 그 순간을 이겨내면 전에 비해 더 단단한 사람이 될 수 있다는 것이다. 인간은 '그럼에도 불구하고 웃을 수 있는 힘'을 가진 유일한 동물이다.

옵트로닉스

주식 부자의 유혹

제아무리 사람의 눈이 멀리 본다 한들,
제 뒤의 등을 보지 못한다.
제아무리 좋은 안경이라 한들,
그 뒤를 비추지는 못한다.

_ 가이바라 에키켄貝原益軒

다음 날 찾아간 곳은 펜실베이니아 주 앨런타운에 위치한 옵트로닉스(Optronics)였다. 지금은 없어진 이 회사는 당시 벨 연구소 출신의 엔지니어들이 모여 만든 광통신 분야의 회사였다. 1925년에 세워진 벨 연구소는 전 세계 정보통신 분야의 혁신을 주도해온 곳으로 그 명성과 역량에 있어서만큼은 IBM 왓슨 연구소와 자웅을 겨루어도 손색이 없다. 옵트로닉스는 벨 연구소의 이름값을 등에 짊어지고 있었기 때문에 비록 회사 규모는 작았어도 내실은 튼튼할 것이라는 믿음을 가질 수 있었다.

옵트로닉스는 앨런타운의 한적한 전원 도시 내에 있었다. 여유로움은 있으나 때로는 그 여유가 적막감으로 다가올 정도로 조용한 곳이었다. 회사에 들어갔을 때는 직원들의 환대에도 불구하고 어딘가 모르게 불안한 기운이 스쳤다. 회사 체계도 덜 갖추어진 상태였다. 심지어 인사

사람은 사람의 꿈에 반한다

과 직원 한 명이 모든 지원자들의 채용 과정을 조정하고 있었다. 그는 내 인터뷰 일정과 안내를 거의 전담하다시피 했다. 인터뷰 과정 자체는 무난했다. 회사 규모가 작고 인력이 부족했던 탓인지 생각보다 빨리 오퍼를 주겠다는 결정이 내려왔다. 다른 회사에서는 구두로 오퍼를 주고도 연봉 협상 등에 대한 상부의 결정이 있어야 정식 오퍼가 나오는데, 옵트로닉스는 모든 게 속전속결이었다.

당시 벤처 회사의 인기는 실로 대단했다. 도전적으로 출범한 신생회사들의 잠재력은 일순간에 폭발해 천문학적인 경제적 보상을 안겨다 주었기 때문이다. 상당수의 엔지니어나 갓 대학을 졸업한 사람들이 창업을 하는 일이 잦았고, 그러한 신생 회사의 잠재력만을 보고 투자자들이 몰려들었다. 대부분의 벤처 회사들은 초기 멤버들에게 주식을 다량으로 주고 있었다. 당시 옵트로닉스도 신규로 채용한 엔지니어들에게 약 3만 주 정도의 주식을 배당해주었다. 만약 이 회사가 거대 기업으로 성장했다면 초기에 입사한 사람들은 돈방석에 앉았을지도 모른다.

하지만 나와 같은 해외 취업 준비생에겐 당장 손에 잡히지도 않는 일확천금의 돈보다 안정적으로 정착하기 위한 비자, 영주권, 시민권이 더절실하다. 확실한 미래 보장이 없는 주식은 한낱 종잇조각에 불과하다.

벤처 기업을 선택했을 때는 이득에 비해 손실이 더 큰 경우가 많다는 사실을 염두에 두어야 한다. 행여나 비자 문제가 해결되기 전에 회사가파산이라도 한다면 영락없이 국제 미아 신세가 된다.

취업을 위해서 미국으로 간다면 벤처 기업에 대한 환상을 경계할 것을 충고하고 싶다. 페이스북과 같은 기업을 예로 들며 초기에 가능성을 보고 벤처 기업에 참여하는 것도 좋다고 생각하는 사람도 있을 것이다. 분명 그 말에도 일리는 있다. 실제로 벤처 회사에 초기 멤버로 참여한 많은 이들이 고속 승진을 보장받고 주식 부자가 되었던 사례 또한 부지기수이기 때문이다. 그러나 그와 같은 성공 신화는 인생을 건 도박에서 승자가 되었을 때만 잡을 수 있다는 걸 기억해두길 바란다.

현실은 냉혹하다. 미국에 갓 진출해 체류 보장 없이 일을 해야 한다면 하루하루가 풍전등화와 같기 때문이다. 미래에 대한 투자와 도전은 자리를 잡고 해도 늦지 않다. 해외 취업 준비생들에게 필요한 것은 오늘만을 살겠다는 투박한 의지가 아니라 튼튼하게 내일을 설계하는 철저함이다.

컴팩

잊을 수 없는
한 사람

나는 하루도 빼지 않고 일을 한다. 주말에도 일하고 밤에도 일한다.
사람들이 내가 일하는 모습을 보았다면 나를 '일중독자'라고 말할지도 모르겠다.
하지만 연구는 나에게 일이 아니다.
내가 할 일을 하는 것뿐이고 연구는 내 삶 자체이다.

_ 스티븐 제이 굴드

10박 11일간의 긴 여정의 대미는 컴팩(Compaq)이 장식했다. 앨런타운에서 비행기로 3시간이나 더 떨어진 보스턴에서 컴팩과의 인터뷰가 남아 있었다. 돌이켜 생각해보면 당시 인터뷰에 대한 기억보다 한 마음씨 착한 매니저에 대한 기억이 더 강하게 남아 있다. 그가 내게 보여주었던 호의와 배려는 지금도 잊을 수가 없다.

컴팩은 1982년 로드 캐니언(Rod Canion), 짐 해리스(Jim Harris), 빌 머토(Bill Murto)가 공동으로 설립한 곳으로 2000년 기준으로 업계 2위의 컴퓨터 판매 수익을 올렸던 회사였다. 단순히 판매량 부분만이 아니라 기술적인 부분에서도 시장을 선도하고 있었다. 당시에는 누가 더 빠른 컴퓨터를 만드느냐가 업계의 승부를 판가름하는 기준이었다. 그런 점에 있어서 1기가헤르츠(GHz) 칩을 업계 내에서 가장 먼저 개발한 컴팩은 속도 경쟁에 있어서만큼은 타의 추종을 불허하고 있었다.

인터뷰를 하면서 말로만 듣던 엔지니어들을 눈앞에서 보고 있으니 나도 모르게 설레었다. 그때나 지금이나 엔지니어란 일상의 작은 혁명을 일으키는 사람이 되어야 한다는 것이 내 신조였다. 실생활에 적용 가능한 기술을 개발하여 사용자의 삶의 질을 높이고 더 나아가서는 문명의 발전에 공헌하는 엔지니어가 이상적이라고 한다면, 컴팩의 엔지니어들은 그 이상의 표본이었던 것이다.

인터뷰는 녹록지 않았다. 당시만 해도 컴퓨터는 시장 변화에 민감했던 탓에 컴팩은 현장에 당장 적용 가능하며 시장 동향에 민첩하게 대응할 수 있는 실무적인 인재를 찾고 있었다. 또한 컴퓨터 업계는 경쟁이 치열했기 때문에 남들과 비슷한 수준의 기술이 아니라 남들보다 뻬어난 기술을 가진 인재를 필요로 하고 있었다. 인터뷰 분위기 자체는 나쁘지 않았지만 지원자를 압박하는 긴장감은 상당했다.

하지만 이런 공식적인 인터뷰의 딱딱함에도 불구하고, 데이브라는 한 매니저의 배려는 시종일관 나를 즐겁게 했다. 그는 공항에서부터 인터뷰가 끝날 때까지 내 일정을 챙겨주었고, 또 내가 미국을 떠나 싱가포르에 도착한 후에도 지속적으로 연락을 주곤 했다.

데이브와는 보스턴 공항에서 처음 만났다. 다른 회사의 경우 인터뷰에 앞서 매니저가 직접 공항까지 마중 나오는 경우는 없었다. 그런데 컴팩의 고용 담당 매니저였던 데이브는 예고도 없이 보스턴 공항에 나와주었고, 그런 배려가 반가웠던지 나도 모르게 막역지우를 만난 것처럼 격한 인사를 나누었다.

공항 밖으로 나오자 허리춤까지 쌓인 눈이 가장 먼저 보였다. 매서운

날씨는 금방 내린 눈도 얼어버리게 만들 정도였다. 설상가상으로 내가 타고 가야 할 차량 위에 내린 눈이 얼어붙어 공항에서 옴짝달싹 못하는 신세가 되어버렸다. 발을 동동 구르며 걱정하던 나와는 달리 데이브는 보스턴에서 이런 일쯤은 대수롭지도 않다는 듯이 태연했다.

보스턴에도 사계절이 있지만, 봄과 가을이 짧으며 상대적으로 여름과 겨울이 길다. 특히 겨울에는 눈 폭풍이 몰아치는 일이 잦은데, 한 번 폭설이 오면 일대 교통이 모두 마비될 정도다. 익숙한 건지 아니면 이골이 나서 그런지는 몰라도, 데이브는 능숙하게 차 주변의 눈들을 치우기 시작했다. 그는 자기 와이프가 눈을 좋아하고 또 겨울과 눈이 보스턴의 자랑이라고 하면서 내 불안과 긴장을 풀어주려고 노력했다. 그리고 눈을 긁어내는 도구를 가져와 혼자 땀을 뻘뻘 흘리면서 차창 위를 덮은 눈들을 치웠다. 사소한 배려이긴 하지만 살갑고 정겨웠던 그의 말과 행동에 적지 않은 감동을 받았다.

그의 배려는 내가 미국을 떠나 싱가포르로 돌아왔을 때에도 계속 이어졌다. 수시로 이메일을 보내어 나의 안부를 묻던 그가 하루는 이메일로 수십 장의 사진을 첨부해서 보내주었다. 그 사진은 죄다 보스턴의 눈 내린 정경을 담고 있었다. 데이브는 자기 와이프가 사랑하는 보스턴의 눈이라고 말했지만, 내심 그 사진은 눈 때문에 고역을 치른 나를 걱정하는 차원에서 보내준 것이었다.

한 사람이 한 회사의 이미지를 대변할 때가 있다. 한 사람의 성정이 마치 그 회사의 인격으로 느껴질 때가 있다. 나는 컴팩을 따뜻하게 기억한다. 보스턴의 그 무자비했던 폭설과 추위에도 불구하고.

나는 데이브가 남들보다 특별하게 선량한 마음을 가졌기에 그토록 친절한 것이었다고 생각하지 않는다. 그는 일을 삶으로 여긴 사람일 것이다. 연구가 자신에겐 일이 아니라 삶이었다고 말하는, 현대 진화 생물학의 거장 스티븐 제이 굴드처럼 말이다. 나는 어떤 회사에서 일을 하게 되건 데이브와 같은 사람이 되고 싶었다.

최종 선택 : IBM 왓슨 vs 인텔

인생이란 결코 정해진 길을 따라가는 여정이 아니다.
결말이 정해진 한 권의 책이 아니다.
스스로 자신의 이야기를 만들어가야 하는 백지들로 이루어진 책이다.

총 10박 11일의 미국 인터뷰 여행을 마치고 다시 싱가포르로 돌아
왔을 때 내 손에는 필립스 반도체, 인텔, 마이크론테크놀로지, 옵트로닉
스, 컴팩으로부터 받은 오퍼가 있었다. 바다는 채워도 사람 욕심은 못
채운다고 했던가. 아직 오퍼를 주지 않고 뜸을 들이고 있던 IBM 왓슨
연구소로부터 연락을 기다리는 내 모습이 딱 그랬다.

사실 나와 같은 상황에 처한다면 모든 엔지니어들이 IBM 왓슨 연구
소에 욕심을 낼 확률이 높다. 그 이름값만으로도 세계적인 엔지니어 반
열에 오를 수 있고, 또 전적으로 연구에만 몰두할 수 있는 환경이 제공
되기 때문이다. 그 연구소에 입성하는 것만으로도 탄탄대로를 보장받
을 수 있다. 또한 한국 출신 매니저로서 당당히 세계적인 무대에 도전
해보고 싶었다. 당시 IBM 왓슨 연구소에는 일곱 명 정도의 한국인 엔
지니어들이 있었는데, 그들 대부분은 미국에서 유학생활을 했거나 포

스트 닥터 과정을 거쳐 정식 직원이 된 경우였다. 그래서인지 한국에서 곧장 연구소로 직행한 선례를 만들어보고 싶다는 도전 정신이 불타오르기도 했다.

결과적으로 IBM 왓슨 연구소로부터도 오퍼를 받았다. 고용 담당 매니저가 배려를 많이 해준 덕분인지 몰라도 오퍼를 받을 때부터 리서치 스태프 멤버로 일하게 해주겠다고 했다. 보통 박사 과정을 마치면 포스트 닥터 과정을 2년 정도 진행하고 난 다음, 리서치 스태프 멤버로 진급하는 것이 관례이다. 인텔로부터도 나와 비슷한 조건의 지원자들보다 한 단계 높은 직급을 약속받았다. 싱가포르 국영연구소까지 포함하여 총 7개의 회사로부터 오퍼를 받은 것도 놀라운데 일반 엔지니어들보다 직급을 높여준다는 게 도무지 믿기지 않았다.

아마 두 가지 이유 때문인 것 같았다. 내가 연구하던 분야는 당시 업계에서 시급하게 필요로 하는 핵심 기술과 관련이 깊었다. 2000년대 초반까지만 해도 CPU 경쟁은 곧 속도 경쟁이었다. CPU가 처리하는 데이터 용량을 기가헤르츠(GHz)로 끌어올릴 수 있느냐가 업계의 초미의 관심사였는데, 정작 그와 같은 속도를 높여줄 수 있는 칩 개발에 주력해온 학교, 연구소, 연구자들의 숫자는 소수에 불과했다. 미국 내에서도 조지아텍, MIT, 버클리 등과 같은 몇 개 학교 출신의 엔지니어들만이 그러한 분야의 기술을 보유하고 있었다. 자연스럽게 미국 기업들은 해외 엔지니어들에게 눈을 돌려 태평양 너머에서 공부한 나와 같은 외국인에게도 관심을 보였던 것이다.

게다가 전략적인 인터뷰 준비를 한 덕분에 좋은 직급으로 오퍼를 받을 수 있었다. 한 회사에서 인터뷰가 끝나고 나면 고용 담당 매니저들로부터 가장 많이 받은 질문 중 하나가 다른 회사로부터 오퍼를 받은 게 있냐는 것이었다. 당시 나는 미국 인터뷰 트립 일정을 짜면서 여섯 개의 회사에 양해를 구해 경비를 분담해줄 것을 요청했고, 그러면서 자연스럽게 각 회사의 매니저들에게 내가 지원한 회사에 대한 정보를 노출했다. 의도하지는 않았지만 나를 사이에 두고 회사 간에 경쟁이 벌어지는 우스꽝스러운 상황이 연출되었던 것이다.

급기야 회사가 나를 선택하는 게 아니라 내가 회사를 선택해야 하는 어처구니없는 일이 벌어졌다. 행복에 겨워 즐거운 비명을 지르면서 고민도 함께 시작되었다. 인터뷰 트립을 마치고 돌아와 크리스마스와 연말을 보내고 해가 바뀌어서도 쉽사리 결정을 내리지 못했다. 연봉이나 직급 면에서는 몇 개의 회사가 비슷한 조건을 제시했기 때문에, 결국에는 내 미래를 믿고 맡길 수 있는 회사를 고르는 게 최선의 길이라고 생각했다.

대부분 엔지니어들의 장래는 학계와 현장이라는 두 가지 길로 나누어진다. 순수하게 연구자로서의 길을 걷고 싶다면 연구소가, 현장에서 기술 및 제품 개발에 참여하고 싶다면 기업이 좋을 것이다. 모교에 있는 교수님들은 더 넓은 안목을 가지고 내가 한국에 돌아왔을 때까지 고려해보라고 조언해주셨다. 당시 나는 학교보다는 현장에서 내 기술을 적용해보고 싶다는 바람이 컸다.

최종적으로 나는 인텔을 선택했다.

전화 인터뷰에서부터 온 사이트 인터뷰를 거쳐 최종 결정까지의 대

장정에 걸린 시간만 6개월이었다. 2001년 1월, 인생의 새 출발을 하기
에 더할 나위 없이 좋은 타이밍이었다.

사람은 사람의 꿈에 반한다

그렇게 나는
시작할 수 있는
사람이 되었다!

재능이란 자기 자신을,
자기의 힘을 믿는 것이다.

_ 막심 고리키

나는 실리콘밸리 첫 출근일인 2001년 8월 27일을 잊지 못한다. 그날 아침에 일어나서 잠자리에 들기 직전까지 모든 일들과 내 일거수일투족을 지금도 세세하게 기억할 수 있다.

아침에 일어나 아버지가 사준 양복을 꺼내 입었다. 그 양복으로 말할 것 같으면 미국으로 출국하기 직전 부친께서 당신 아들의 첫 출근을 기념하기 위해 사주신 맞춤 양복으로 30년 이상 외길을 고집해온 전문 재단사가 한 땀 한 땀 정성 들여 만든 옷이었다. 거기다 아내가 손수 다려준 와이셔츠를 입고 한국 백화점에서 새로 산 구두까지 신었으니 웬만한 영국 신사도 부럽지 않을 만큼 말쑥하게 차려입었던 것이다. 당시 내 복장은 전장에 나가는 병사처럼 물샐틈없이 완벽했고 내 마음 가짐은 소풍 가는 아이처럼 들떠 있었다. 꿈에 그리던 미국 실리콘밸리 회사의 정식 직원으로서의 첫 출근은 그렇게 요란했다.

그런데 설렘은 사무실에 들어서자마자 산산조각 났다. 인사과에 가서 간단하게 몇 가지 서류를 작성하고 개인 노트북을 받아들고는 배정받은 부서로 갔다. 사무실 문을 열고 들어서는 순간 내 복장이 어색하다는 걸 직감했다. 동료들 중 누구도 정장을 갖춰 입은 사람이 없었던 것이다. 누군가는 반바지 차림이었고 또 누군가는 그냥 주말에 흔히 볼 수 있는 평상복 차림이었다. 군인에게는 전투복, 농부에게는 작업복, 운동선수에게는 유니폼이 어울린다면 엔지니어에게는 그냥 평상복이 어울렸던 것이다.

나를 한 번 더 당황케 했던 것은 한 엔지니어와의 만남이었다. 내가 배치 받은 부서에는 아시아계 사람들이 많았다. 일본인, 중국인, 인도인 등. 눈으로 동료들의 얼굴을 훑는 동안 유독 내 시선이 한 명에게 못 박혔다. 그 주인공은 바로 인텔에서 IBIS(I/O Buffer Interface Specification) 모델(*회로 설계를 위한 칩의 기본적인 정보를 담는 것)을 창시한 알파드 무라니(Arpad Muranyi)였다. 반도체 분야에서 일하는 사람치고 그를 모르면 간첩이라고도 할 수 있다. 그런 세계적인 개발자와 한 부서에서 일하는 건 기적 같은 일이었지만, 그가 직급상 나보다 한 단계 아래였다는 건 재앙과 같았다. 그렇게 입사 첫날부터 인텔이라는 기업의 입지와 위상을 뼈저리게 실감할 수 있었다.

저녁에는 인텔 폴섬 사이트에서 근무하고 있던 한국인들이 나를 위해서 조촐한 환영회를 마련해주었다. 인텔 폴섬 사이트의 전 직원은 6천 명 정도였고 그중 한국인은 고작 일곱 명에 불과했다. 한국인 구경하기가 하늘의 별 따기였던 곳에 새로운 사람이 왔으니 다들 얼마나 반가

사람은 사람의 꿈에 반한다

왰을까. 나 또한 머나먼 이국땅에서 동향 사람을 만난다는 사실이 반가웠다. 그런데 막상 환영회 자리에서 나를 처음 본 한국 동료들의 얼굴에는 반가움보다는 당황한 낯빛으로만 가득했다.

사건의 전말은 이랬다. 내가 미국에 도착하기 전부터 한 선배가 나에 대한 근거 없는 소문을 퍼뜨렸다고 한다. 한국에서 곧 도착할 미지의 사나이가 큰 키에 건장한 체구를 자랑하며 나름 수려한 외모에 매너까지 갖추었다고 입소문을 냈던 것이다. 어떤 연유로 그런 소문을 냈는지 알 수 없지만, 덕분에 사람들은 나에 대해 온갖 상상의 나래를 마음껏 펼쳤던 것이다. 상상에 비례해 실망도 컸던 까닭에 한국인 동료들은 나를 보자마자 환영의 인사 대신 나훈아라는 별명을 지어주고는 한동안 나를 골려 먹었다. 단지 내가 곱슬머리라는 이유로 말이다.

실로 화려한 출근이었다. 그날 하루는 롤러코스터와도 같았다. 아침에 집을 나설 때만 해도 설렘으로만 가득했다가 회사에서 내내 충격적이고 황당한 일을 겪으면서 정신이 오락가락했다. 그래도 해가 뉘엿뉘엿 저물어갈 무렵에 휘황찬란하게 빛나는 인텔의 로고를 뒤로하고 집으로 귀가할 때는 가슴 한구석에서 뜨거운 불꽃이 피어오르는 걸 느낄 수 있었다.

이제 시작이다. 나는 시작을 할 수 있는 사람이 되었다. 그것도 내가 원하던 곳에서, 내가 원하던 일을 시작할 수 있는 사람이 된 것이다.

꿈의 한복판, 그곳에 한국의 청년들이 있다

PART 02

두려움과 정면 승부할 수 있는
두둑한 배짱이면 충분하다

자신이 욕망하는 것이 진실로 자신이 소망하는 것인지
혹은 소망하지 않는 것인지 알기 위해서 주체는 다시 태어날 수 있어야만 한다.
_ 자크 라캉

호랑이를 잡으려면 호랑이 굴로 가야 한다. 목표를 성취하기 위해서는 결단이 필요하다. 간절하게 바란다고 우주가 그 뜻을 헤아려주지는 않는다. 신의 응답을 기다리려면, 우주의 응답을 받으려면, 먼저 인간의 결심과 실천이 있어야 한다.

현재 시놉시스(Synopsys Inc.)에서 근무하는 한경남 씨는 국내 기업에 근무하다가 돌연 미국으로 어학연수를 떠나 취업에 성공한 경우이다. 그는 한국에서 박사 학위를 마친 후 국내 기업에 근무했었다. 그러던 중 2004년, 지인의 추천으로 선 마이크로시스템즈(Sun Microsystems)에 인터뷰를 보고 최종 합격 통보를 받았지만, 비자가 원만하게 해결되지 않아서 미국 진출이 지연되는 경험을 했다. 이후 회사를 그만두고 1년 계획으로 미국 어학연수를 떠나 호시탐탐 기회를 엿보고 있었다. 무작정 아무 회사에나 지원하고 보자는 안일한 자세보다는 자신이 연구해왔던 분야를 고려해서 기업들을 물색해보는 세밀한 지원 태도를 고수한 끝에 마침내 시놉시스에 합격해서 현재까지 일하고 있다. 그는 온실 속 화초가 되는 쪽보다는 거친 들판의 잡초가 되는 길을 택했고 결과적으로는 과거보다 더 나은 내일을 보장받을 수 있었다.

한편 아내의 조언으로 미국 기업에 도전장을 내민 사례도 있다. 이지원 씨 역시 석사 졸업 후 근 6년 동안 한 회사에서 재직한 엔지니어였다. 반면 그의 아내는 외국 학회를 돌아다니면서 실적을 쌓아 외국 유학을 준비하고 있었다. 어느 날 미국에서 열리는 한 학회에 다녀왔던 아내가 그에게 미국 기업으로 자리를 옮겨보자고 권유했다. 처음에는 농담으로 넘겼으나 이후 아내의 조언과 잔소리가 뒤섞인 압박이 들어오면서 본의 아니게 이지원 씨의 목표는 미국 기업 취업으로 정해졌다. 비록 이지원 씨의 미국 취업은 아내의 응원이 있어서 가능한 것이었지만 최소한 우물 안 개구리에서 벗어나려는 본인의 의지가 없었다면 불가능했을 것이다.

끝으로 익명을 요구한 한 여성 엔지니어는 결혼과 출산 때문에 미국 기업에 취직했노라고 대답했다. 조금 아이러니하지만 그녀는 엔지니어로서의 자신의 경력을 유지하고 싶어서 한국이 아닌 미국을 선택한 경우였다. 그녀는 한국 기업 문화 내에서 여성이 출산과 육아를 병행하면서 회사 생활을 유지하는 게 힘들다고 판단해서 미국행을 결심했다. 마침 그녀의 남편도 해외 취업을 원하고 있었던 터라 부부가 동시에 미국 기업에 문을 두드려볼 수 있었다. 위험부담이 적지 않았다. 아내와 남편 중 한 명만 취업에 성공해도 문제였고, 둘 다 합격해도 서로 직장의 지리적 위치가 다르다면 그것 또한 문제였다. 두 경우 모두 자칫 부부가 떨어져서 지낼 수도 있었기 때문이다. 이와 같은 여러 위험 요인들을 감수하고서도 이들 두 사람은 함께 취업 준비에 박차를 가했고 결과적으로는 각자 원하는 회사에 들어갈 수 있었다.

지금부터 실리콘밸리에 입성한 한국의 청년들을 소개하고자 한다. 그리고 이들의 생생한 경험을 통해 글로벌 인재가 되는 몇 가지 원칙들을 제시하고자 한다.

그 전에 한 가지 명백한 사실을 일러두고자 한다. 지금부터 말하는 사례들은 결코 특별한 사람들의 특별한 이야기가 아니라는 것이다. 익숙한 길에만 몰두하며 살아가다 보면, 자칫 스쳐 지나가는 기회를 놓칠 수도 있다. 모험이란 것은 위험부담이 크면 클수록 그 보상이 큰 법이다. 더 크게 성장할 수 있으며, 더 크게 성취할 수도 있다. 어미 독수리는 아기 독수리를 절벽에서 떨어뜨려서 아기가 스스로 나는 법을 터득할 수 있도록 한다. 비행에 성공한 아기 독수리는 장차 하늘의 제왕으로 군림할 자격을 얻는다.

지금부터 소개할 청년들이 가진 특별함이라면 이들은 모두 두려움과 정면 승부할 수 있는 두둑한 배짱을 가진 자들이었다는 점이다. 자신의 욕망이 혹시 나의 외부에서 비롯된 것은 아닌지 치열하게 성찰하고, 자신의 소망을 따라 살아갈 때의 두려움조차 기꺼이 무릅쓴 사람들이었다는 점이다.

링크드인
활용법

구직 정보를 얻는 방식은 여러 가지가 있는데 크게 오프라인과 온라인으로 구분할 수 있다. 발품을 파는 수고스러운 방법으로는 각 기업에서 정기적으로 개최하는 취업 박람회에 참석해서 채용 담당자를 만나는 방법이 있다. 해외 취업을 준비하는 사람들에게 접근성이 낮은 경우이며 또한 요즘에는 거의 대부분의 미국 기업들이 구직 정보 사이트를 통해서 채용 공고를 내고 있다. 여기서는 온라인 리쿠르트에 관해 집중적으로 살펴보고자 한다.

전통 있는 구직사이트로는 인디닷컴(Indee.com), 몬스터닷컴(Monster.com) 등이 있다. 이 사이트들은 고용 담당자가 직접 채용 공고를 올리지 않고 인력을 스카우트하는 헤드헌팅 에이전시(head hunting agency) 등을 거치기 때문에 상대적으로 취업 확률이 낮다는 단점이 있다.

반면 최근 인기를 구가하고 있는 구직 사이트는 링크드인(Linkedin)

이다. 이곳은 회사에서 직접 고용 관련 내용을 포스팅하고 있으며 또한 상세한 직무 내용을 확인할 수 있다는 장점을 갖고 있다.

링크드인에 가입하고 나면 가장 먼저 프로필을 작성한다. 이 프로필은 학력과 경력 사항 등을 적게 되어 있다. 각각의 내용들을 일목요연하게 정리할수록 좋다. 예를 들어 학력의 경우, 시작 시기와 끝마친 시기를 구분해야 한다. 직장 경력의 경우 직책, 업무, 성과 등을 구분해 상세하게 적어야 한다. 이때 추상적인 기술은 피하고 수치나 통계와 같은 객관적인 자료에 기반해 간결한 내용을 적는 것이 좋다. 양적으로 수량화할 수 있는 자료들은 가독성이나 신뢰도를 높여주는 효과가 있다.

링크드인의 특징 중 하나는 일자리 검색 기능이다. 지원자는 자신이 원하는 직업을 지역, 경력, 학력 등과 같은 세부항목을 넣어 검색한 후 본인에게 맞춤화된 일자리 목록을 만들 수 있다. 이러한 과정으로 걸러진 채용 공고 중 일부를 클릭해보면 직무 내용과 함께 이력서 제출 방식에 대한 내용을 확인할 수 있다. 대체로 링크드인 사이트 내에서 서류 지원이 가능하지만 경우에 따라서는 회사에서 만들어둔 별도의 웹사이트로 이동해야 한다. 이력서 제출 사이트를 별도로 만들어둔 회사에서는 링크드인 프로필과 연동해서 지원서류를 받는 경우가 있기 때문에, 애초 링크드인 가입 시에 공을 들여서 프로필을 작성해두는 것이 중요하다.

여유가 된다면 매달 25~50달러 정도의 비용을 지불하는 프리미엄 고객에 가입해 보다 질 좋은 구직 정보를 얻는 것도 차별화된 전략 중 하나이다. 링크드인은 프리미엄 고객에 한해서 각 일자리별로 지원자

현황이 어느 정도인지 가늠할 수 있는 통계 수치를 제공한다. 예를 들어 내가 지원한 일자리에 몇 명의 지원자가 몰렸는지와 함께 지원자들이 어느 정도의 학력과 경력을 갖고 있는지를 백분율로 수치화해서 보여준다. 이와 같이 경쟁자의 정보를 제공해줌으로써 지원자는 상대적으로 취업 성공률이 높은 곳에 전략적으로 집중할 수 있다.

오늘날에는 전 세계인이 정보 획득 및 정보 접근성에 있어서 동등한 기회를 보장받고 있다. 각종 소셜 미디어가 급증하고 또 글로벌 기업들이 구직 사이트를 중심으로 채용 공고를 내고 있기 때문에 한국에서 미국으로 진출하려는 많은 취업자들에게도 기회가 열리게 된 것이다. 하지만 홍수가 나면 마실 물이 없다는 말처럼 쏟아지는 정보 속에서 자신에게 가장 잘 어울리는 회사와 부서를 골라서 최적화된 이력서를 작성해서 지원하는 것이 중요하다.

Tip

인맥관리 및 구직: www.linkedin.com(링크드인)
연봉 및 구직: www.glassdoor.com(글래스도어)
구직: www.monster.com(몬스터닷컴)
K Move 사업단: www.worldjob.or.kr/kmove
K-Group: www.bayareakgroup.org

사람은 사람의 꿈에 반한다

더하기가 아니라
빼기로 기술하라

한국에서도 취업난이 가열되면서 이력서 작성에도 전문성이 요구되고 있다. 그러나 이력서 자체가 하나의 도구로 전락하면서 교과서처럼 정답을 적은 것 같은 이력서들이 늘고 있다. 실제로 한국에 와서 접해본 취업 준비생들의 이력서는 그 구성에 있어서나 내용에 있어서나 대동소이한 것들이 많았다. 구성상으로 한국 취업 준비생들의 이력서는 간단한 신상 정보와 더불어 스펙과 자기소개 정도로 구분되어 있다. 기본적으로 5대 스펙이라고 불리는 학력, 학점, 토익, 어학연수, 자격증을 포함해 봉사활동, 인턴 경력, 수상경력이 추가된 8대 스펙이 등장하기도 한다. 이러한 스펙 과시와 더불어 문인들 뺨치는 탐미적인 문장들로 과시적이고 구구절절한 자기소개가 기술되고 있다. 문제는 이러한 이력서가 100개 중에 한 개꼴로 나온다면 독창적이겠지만 모두가 자기 과시에만 열을 올린다면 그 어느 것 하나 눈에 들어오지 않는다는 것이다.

해외 취업 준비자들도 이력서 작성에 애를 먹기는 마찬가지다. 앞서 아내의 조언을 따라 국내 회사 생활을 접고 미국 취업에 성공했던 이지원(가명) 씨는 이력서를 잘 정리된 '광고지'에 비유했다. 그는 막 취업 준비를 할 때만 해도 이력서는 물론 취업 자체에 자신만만했다고 한다. 한국 반도체 회사도 세계 굴지의 반도체 회사들과 어깨를 나란히 하고 있는 마당에, 또 그런 회사에서 수년간 경험을 쌓으면서 다양한 프로젝트를 완수했던 자기 자신이 해외에서도 매력적인 인력으로 보일 거라고 쉽게 단정했던 것이다.

그가 처음 이력서를 쓸 때 저지른 과오는 중 하나는 장황한 기술이었다. 그는 이력서가 자신의 발자취를 역사적으로 기술하는 것으로 생각해서 경력을 단순하게 시간순으로 나열했다고 한다. 그렇게 써내려갔던 이지원 씨의 이력서는 본인의 화려한 이력과 다양한 경력이 돋보이는 자기 과시형 글에 가까웠다. 그 글을 보고 있으면 이지원 씨는 모든 회사에 어울릴 인재처럼 보였다. 그러나 미국 기업은 다재다능한 사람이 아니라 특정 일자리에 최적화된 사람을 원한다. 좀 더 직설적으로 말하자면, 팔방미인을 뽑는 것이 아니라 특정 업무에 맞는 지식과 경험을 가진 사람을 선호한다는 것이다.

뒤늦게 이 사실을 깨달은 이지원 씨는 이력서에서 불필요한 요소들을 빼나갔다. 그는 이력서라는 것이 하나의 광고지와 같아야 하고 자신은 그 광고지로 미국 회사를 유혹해야 한다고 생각했다. 보통 광고지는 호객을 목적으로 최소한의 정보를 매력적으로 전달해 고객을 상품이 있는 곳으로 오게 만든다. 마찬가지로 이력서는 채용 담당자가 그것

사람은 사람의 꿈에 반한다

을 읽고 지원자에 대해서 호기심을 갖게 만드는 것이 목적이어야 한다.

열 손가락 깨물어 안 아픈 손가락 없듯이 지원자에게 자신의 화려한 발자취를 덜어낸다는 것은 쉽지 않은 일이다. 하지만 이지원 씨의 말처럼 이력서는 "지원자가 가진 경력들과 특기사항들 중에서 지원하는 회사의 직책, 그리고 그것의 직무 내용에 일치하는 부분들이 눈에 잘 띄도록 상단에 배치하는 방식으로 수정하는" 작업이 절대적으로 필요하다. 즉 이력서 작성은 모든 회사에 공통으로 제출할 수 있는 단 하나의 이력서가 아니라, 단 하나의 회사와 단 하나의 직무 내용에 맞는 단 하나의 이력서여야 한다는 것이다.

한 편의 영화 예고편이 그 영화의 모든 내용을 말해주지 않듯이, 이력서는 고용 담당자가 흥미를 가질 수 있는 최소한의 정보만을 전달해야 한다. 또한 낚시꾼이 미끼로 고기를 잡듯이 내가 그 일에 최적화된 사람이라는 내용이 특화된 이력서라야 글로벌 인력 시장에서 취업이라는 대어를 낚을 수 있다.

케빈 베이컨의 법칙
너머의 진실

한때 미국 배우들 사이에서는 케빈 베이컨(Kevin Bacon)이라는 배우와 몇 단계 만에 연결될 수 있는지 확인하는 놀이가 유행한 적이 있다. 일면식이 있든 없든 모든 배우들이 적게는 2~3명에서 많아봐야 6명 정도의 지인을 거치면 케빈 베이컨과 연줄이 닿을 수 있다는 게 드러나면서 '정말 세상은 좁구나!'라는 속설이 기정사실화 되었다. 일명 '케빈 베이컨의 6단계 법칙'은 전 세계 모든 사람들이 상호 간에 긴밀하게 얽혀 있는 '작은 세상'에 살고 있음을 증명하는 이론이 되었다.

인맥의 활용은 취업 전 과정에서 지원자의 선택과 결정에 중요한 영향을 미친다. 보통 해외 취업에 도전하게 되는 동기는 외부로부터 오는 경우가 많다. 현재 실리콘밸리의 대다수 한국인 엔지니어들은 애초부터 해외 취업을 목표로 하지 않았다는 공통점이 있었다. 또 그들이 해외 취업을 결심하게끔 동기 부여를 해주었던 사람들이 대부분 같은 학교, 연구소, 직장에 있던 동기 또는 선배였다는 것을 알 수 있었다. 다시 말해, 지인들의 조언이나 충고에 자극을 받았거나 혹은 그들이 몸소 보여주었던 도전 정신에 고무되어 해외 취업에 도전한 경우가 많았던 것이다.

특히 주변 동료들은 지원자가 더 넓은 세상으로 나아갈 수 있는 가교 역할을 해준다. 앞서 이야기했듯이 나 같은 경우에도 외국 학회에서 만난 친구들로부터 싱가포르 연구소의 연구원 자리를 소개받았고, 이후 취업 과정에서도 해외에 있는 친구들의 도움을 받아서 취업 정보를 얻거나 직접적으로 추천을 받기도 했다. 실리콘밸리에서 만난 상당수의 한국인 엔지니어들은 내게 학교, 인턴, 직장 생활을 하면서 만났던 동료, 선배, 지도 교수님 등의 추천이 미국행 티켓을 손에 쥐는 데 결정적인 도움을 주었다고 털어놓기도 했다.

현재 실리콘밸리의 시스코(Cisco)에서 근무 중인 윤기현 씨는 미국 취업에 도전하는 이들이라면 지인의 추천을 받는 것이 좋다고 말했다. 회사 입장에서는 쟁쟁한 해외 취업자들 중에서도 옥석을 가려내기가 여간 어려운 게 아니며, 특히나 문서화된 정보나 인터뷰만으로도 2퍼센트 부족한 게 있다. 열 길 물속은 알아도 한 길 사람 속을 모른다는 말이 있듯이, 직접 경험해보지 않고는 타인을 오롯이 알기 힘들다. 회사 측에서는 지원자가 실제 직무에서 실패하는 변수가 발생할 수도 있기 때문에 그와 같은 경우 회사 측이 짊어져야 할 부담을 최소화하기 위해 주변인 추천에 강한 신뢰를 보인다.

미국의 상당수 기업들은 자사 직원 추천을 제도화해서 시행하고 있다. 예를 들어 내가 근무하고 있는 회사에 일자리가 하나 생겼는데 평소 알고 지내던 지인이 그 일자리에 적격이라고 판단된다면, 회사 측에 그 사람을 적극 추천할 수 있다. 다만 사람을 먼저 생각하고 자리를 만들어 추천하는 것이 아니라, 자리가 먼저 만들어지고 그에 맞는 사람을 물색하는 과정에서 자연스러운 추천이 이루어지는 것이다. 사내 추천으로 새로운 직원을 뽑을 경우 회사 측에서는 추천자에게 금전적인 보상을 해준다. 회사는 별 수고스러움 없이 좋은 인재를 뽑아서 좋고, 추천자는 지인에게 좋은 일자리를 소개해주어서 좋다. 또 추천자에게는 금전적인 보상도 주어지니 누구 하나 손해 볼 게 없는 장사여서 미국 대부분의 기업들이 이 방식을 선호하고 있다.

추천의 중요성은 하루 수십 수백 통의 이력서를 확인하는 사람의 입장에서 생각해보면 이해가 빠르다. 대동소이한 이력서들을 계속 보다 보면 다 그 나물에 그 밥처럼 보일 때가 있다. 이력서를 검토하는 사람의 눈에 띄기 위해서는 지도 교수 및 직장 상사의 추천서가 큰 역할을 할 수도 있지만, 그보다 더 효과적인 방법은 지원자가 지원한 회사 내부의 추천을 받는 것이다. 사내 추천을 받은 지원자는 이력서 지원과 인사과에서 이루어지는 사전검열(pre-screening) 단계를 건너뛰고 바로 인터뷰로 직행하는 경우가 많다. 인텔에서 매니저로 일할 당시, 일자리를 외부로 공개하면 하루에 수백 명의 지원자가 몰리고 그중에 리쿠르터가 사전검열 후 나에게 보내주는 이력서는 서너 개에 불과했다. 그래서 많은 해외 취업자들이 평소 학교, 인턴, 해외 학회 등에서 만난 사람들을 만나고 그들과 직·간접적인 인연을 소중히 여기라고 누누이 말한다. 인

사람은 사람의 꿈에 반한다

연을 만들어가고 그것을 잘 관리하는 자는 분명 인생을 설계하는 데 있어서도 탁월한 재능을 보인다.

연극 배우가
되어라

온 사이트 인터뷰는 회사마다 제각각이므로 상황에 맞는 유연한 대처가 필요하다. 대체적으로 질의응답 방식이 많지만 때에 따라서 회사 측에서 발표 면접을 요구하기도 한다. 지원자의 발표 능력, 외국어 능력, 지식 습득 수준 등을 확인하기 위해 발표 면접을 필수사항으로 여기는 회사가 증가하고 있다는 점에 대비할 필요가 있다.

지원자는 인터뷰에 앞서서 인터뷰에 대비한 예상 질문지와 답변지를 비롯해 발표 자료를 만들어두는 것이 좋다. 알테라의 심유정 씨는 인터뷰 당시를 회상하면서 자신은 영어에 자신감이 없었으므로 발표 자료 준비에 공을 들였다고 밝혔다. 회사 측에서 별도의 발표 자료를 요구하거나 발표 면접을 진행하겠다고 사전에 통보하지 않았지만, 유정 씨는 인터뷰에서 자칫 자신이 주도권을 놓치는 불상사를 막기 위해 여러 자료들을 준비했다고 한다. 구체적으로 그녀는 자신의 학력, 경력 등을 한눈에 볼 수 있는 포트폴리오를 만들어서 인터뷰하는 자리에서 면접관들에게 나누어주었다. 자연스럽게 면접관들은 포트폴리오를 넘겨보면서 질문을 했기 때문에 전체 1시간가량의 대화 중 약 절반가량은 그녀가 예상할 수 있는 대화 내용들이어서 자신감 있게 인터뷰에 임할 수 있었다. 즉 그녀는 인터뷰에 필요한 자료를 준비함으로써 대화의 주도권을 잡았던 것이다.

유정 씨는 인터뷰에 앞서서 만반의 준비를 했다. 그는 전화 인터뷰 후 온 사이트 인터뷰 일정이 잡히자마자 시뮬레이션을 짜보았다. 우선 회사 측에 자신의 인터뷰를 담당할 면접관 리스트를 부탁했고, 그렇게 받은 면접관들의 간략한 신상 정보를 바탕으로 예상 질문지를 준비했다. 특히 면접관들이 최근에 발표한 글이나 논문들을 검토해보고 또 그들이 속해 있는 팀의 최근 프로젝트를 면밀히 검토하여 혹여나 인터뷰에서 간단한 정보를 알지 못해서 발생하는 의사소통의 단절에 대비했다. 이러한 노력으로 유정 씨는 실제 인터뷰에서 면접관을 봤을 때 떨거나 낯설다는 인상을 받지 않았고 친근한 대화를 나눌 수 있었다.

한편 이지원 씨는 인터뷰에 앞서 영문으로 된 자기소개서와 발표 자료 준비에 공을 들였다고 한다. 대부분의 회사는 면접을 시작하면서 형식적으로 자기소개의 시간을 갖는다. 관례적인 부분이지만 이 짧은 시간 안에 지원자는 면접관들에게 긍정적인 첫인상을 심어주어야 한다. 자기소개를 가장 쉽게 준비하는 방법은 이미 제출한 이력서의 내용을 중심으로 자신의 학력, 경력 사항 등이 드러나게끔 이야기를 서사화해서 말하는 것이다.

지원 씨는 발표 대본도 미리 만들어서 연습했다고 한다. 회사에 따라서 발표 면접을 요구하는 경우가 있는데, 대략적인 인터뷰 시간은 45분에서 1시간 정도이다. 발표 면접은 프레젠테이션 형식을 갖추어 자기 자신을 소개하고 자신이 왜 이 회사에 필요한 존재인지를 어필한다. 이 때 유의해야 할 사항이 한 가지 있는데, 바로 기밀 유출이다. 지원 씨는 한국에서 근무한 이력이 있었기 때문에 자연스럽게 전 회사에서 했던 프로젝트를 언급할 수밖에 없었다. 여기서 주의해야 할 것은 회사 간의 기밀 유출을 그 어느 쪽도 원치 않는다는 것이다.

미국 시장이 이직에 관대하다고는 해도 인력 유출로 인해 기술 유출이나 기밀 사항 유출이 발생하는 것에 대해서는 극도로 민감하게 반응한다. 때로는 사소한 기밀 유출로 인해서 양측 회사에서 법적 분쟁을 벌이는 경우도 있다. 따라서 이미 직장 생활 경력이 있는 상태에서 인터뷰를 하는 경우라면 가급적 공적으로 열람이 가능한 정보 범위 내에서 발표 자료, 면접 자료 그리고 포트폴리오를 만드는 것이 좋다.

인터뷰는 한 편의 연극처럼 진행되어야 한다. 연극이 무대, 배우, 관객으로 구성된다고 한다면 인터뷰에서 무대는 인터뷰 장소, 배우는 지원자, 그리고 관객은 면접자에 대응시킬 수 있다. 지원자는 면접자를 설득하고 또 그들을 감동시키기 위해서 적절한 억양과 몸짓으로 기승전결이 갖추어진 하나의 완결된 이야기를 준비해야 한다. 배우가 현실의 사람보다 더 멋져 보이는 이유는 그들이 무대 위에서 완벽하게 연기할 수 있는 대본이 준비되어 있기 때문이다. 여러 자료를 준비하고 또 그것에 기반한 대본을 만들어두어 연기하듯이 인터뷰에 응한다면 좋은 결

사람은 사람의 꿈에 반한다

과에 한 발 더 다가갈 수 있을 것이다. 실전은 철저한 연습에서 완성된다고 생각하면 된다.

약점이 아니라
과제일 뿐이다

원어민만큼 영어 실력이 출중할 필요는 없다. 실제로 실리콘밸리에서 근무하는 한국인 엔지니어들은 영어가 기본사항이긴 하지만 절대적인 사항은 아니라고 입을 모은다. 그들에 따르면, 현지에서 필요한 것은 업무에 필요한 최소한의 영어 실력이다.

영어 때문에 해외 취업 자체를 포기할 이유는 없다. 램버스의 김주희 씨는 "최소한의 영어는 필요하지만 완벽한 영어가 아니라고 해서 해외 취업을 머뭇거리는 건 안타깝다"라고 지적한다. 여기서 그녀가 말하는 최소한의 영어란 업무에 관한 최소한의 지식을 전달하는 수준의 영어를 뜻하며, 또 그녀가 말하는 완벽한 영어란 직장 동료들과 일상적인 커뮤니케이션을 하면서 회사 생활에 자연스럽게 융화될 수 있는 수준을 뜻한다.

그러나 대다수의 해외 취업자들은 실무 수준의 영어보다는 일상생활의 유창한 영어만을 목표로 삼느라 정작 취업에서 필요한 수준의 영어가 무엇인지를 간과하고 만다. 영어 공부는 단기전이 아니라 장기전이기 때문에 단계적 목표를 설정해야 한다. 취업 전에 완벽하게 영어를 구사할 수만 있다면 좋겠지만, 현실적으로 그러한 수준의 영어 실력을 국내 교육 환경에서 기대하기는 힘들다. 때문에 영어 공부는 미국 진출 이후에도 계속된다는 생각을 가지고서 크게 취업 전과 취업 후를 나누어서 공부 계획을 짜는 것이 좋다.

첫 번째, 취업 전 단계의 영어 공부는 실전을 대비하기 위한 것이다. 이 단계는 주로 취업 준비자가 스스로를 소개하고 또 그간 자신이 습득해온 전문 지식의 정도를 피력하는 수준이면 충분하다. 구체적으로 취업 전 단계에서 준비해야 할 것은 이력서 작성, 전화 인터뷰, 온 사이트 인터뷰 등에서 실제로 쓸 영어 표현이다.

두 번째, 취업 후 단계의 영어는 일상생활과 전문성 강화를 위한 것이다. 유학생 또는 미국 거주자가 아닌 경우에는 미국 현지에 취업해서도 계속해서 영어 실력 향상에 노력을 기울여야 한다. 특히 일상과 직장에서의 자연스러운 대화를 위해, 그리고 더 높은 직급으로 상승하기 위해 보다 높은 수준의 영어 실력을 갖출 필요가 있다. 리더급이 되면 자신이 맡고 있는 팀원들과 매일같이 면담을 해야 하고, 또 무수히 많은 프레젠테이션을 해야 한다. 유창한 영어로 돋보일 필요는 없지만 미국 생활을 오래하는 동안 단계별로 실력 향상을 꾀할 필요가 있다.

알테라에 근무하는 김가원 씨는 영어에 대한 두려움을 극복하는 데 오랜 시간이 걸렸다며 겸연쩍어했다. 전자공학으로 박사 학위를 받고 국내 모 기업에서 2년간 근무한 후 해외 취업에 도전했던 그녀는 실리콘밸리에서 일하고 있는 지금도 영어가 자신의 가장 큰 약점 중 하나라고 말한다. 석사 2년 차부터 싱가포르에서 열리는 국제학회를 시작으로 일본, 중국, 미국 등지에서 열리는 워크샵과 학회에 다수 참여하고 또 그러한 곳에서 발표도 했지만 누군가에게 영어로 이야기한다는 것 자체가 그녀에게는 공포였다. 한 번은 미리 준비해 간 15분짜리 대본으로 그럭저럭 발표를 마친 후에 객석에서 쏟아지는 질문 세례에 오금이 저린 이후로는 해외로 나가는 것은 아예 엄두도 내지 못했다고 한다.

그런 그녀가 6개월 동안 싱가포르 국영연구소에서 일하면서 영어의 중요성을 깨닫기 시작했다. 그리고 연구소에서 만난 동료들의 도움으로 영어에 대한 두려움을 조금씩 극복할 수 있었다. 동료들은 가원 씨의 고질적인 습관 중 하나가 영어 단어를 중심으로 의사소통을 하려는 것이기 때문에 가급적 시간이 걸리더라도 완성된 문장으로 대화하려는 습관을 들이라고 조언해주었다. 그리고 그녀의 친구들은 전문 지식이 풍부해도 그것을 전달하지 못하면 그 사람의 실력 자체가 평가절하될 수도 있다는 조언도 빼놓지 않았다.

그녀는 본격적으로 영어 공부에 매진하면서 세 가지 전략을 세웠다.

첫째, 무조건 영어에 스스로를 노출시켜라. 영어 뉴스를 일상적으로 시청한 베트남 친구를 모델로 삼아 가원 씨는 근무 시간을 제외하고는 라디오로 듣거나 TV로 보면서 영어를 접했다. 뉴스 시청은 영어에 익숙해지는 것 외에도 시사 상식을 얻을 수 있는 장점이 있었다. 그렇게 얻은 상식은 곧장 일상 대화의 소재로 쓰일 수 있기 때문이다.

사람은 사람의 꿈에 반한다

둘째, 하루 한 시간 이상 한국어 영어 강좌를 들어라. 영어에 대한 이해도가 부족한 상태에서는 백날 들어봐야 실전에서는 입도 뻥끗 못한다. 영어 뉴스를 반복적으로 듣다 보면 어느 순간에 귀는 열리지만 그렇다고 해서 머리까지 열리는 것은 아니다. 한국어 영어 강좌는 막힌 머리를 뚫어준다. 단어와 숙어의 뜻을 정확히 이해하고 그것이 쓰이는 맥락을 숙지하면 듣기와 말하기 모두 한결 편해진다. 언어는 그것이 가지고 있는 체계에 대한 이해를 통해서 보다 더 빠르게 습득할 수 있다.

셋째, 남의 말을 모방하라. 외국인과 대화할 때 한국말로 전달하고 싶은 뉘앙스를 표현하지 못하는 경우가 많다. 일차원적인 의미 전달에만 집중한 대화를 하는 것은 영어 교재를 청취하면서 가상의 인물과 대화를 나누는 것보다 못한 경우가 많은데, 싱가포르에 있을 때 가원 씨가 딱 그런 경우였다. 하고 싶은 말을 못하고 머뭇거리다가 상대방이 오히려 가원 씨가 하고 싶은 말을 대신 말해주는 경우, 그럴 때마다 가원 씨는 그 친구의 말을 앵무새처럼 따라 하면서 표현력을 향상시켜 나갔다.

영어는 치명적인 약점이 아니라 보완해야 할 과제일 뿐이다. 처음부터 영어를 잘하는 사람도 없고 또 유전자적으로 영어를 못하는 사람도 없다. 다만 새로운 언어를 습득하는 데 있어서 자극과 계기가 주어져야 하고 그것을 토대로 스스로의 학습법을 만들어 꾸준히 반복 습득해야 한다.

세상에는
여러 가지 길이 있다

세상에는 여러 가지 길이 있다. 직선으로 뻗은 길이 있으면 굽이굽이 돌아가는 길도 있고, 매끈하게 포장된 도로가 있으면 울퉁불퉁 자갈길도 있기 마련이다. 그 길을 통과하는 방식도 다양하다. 어떤 사람은 비행기를, 어떤 사람은 기차를, 또 다른 사람은 뚜벅뚜벅 도보로 갈 수도 있다.

현재 구글 서치 인프라스트럭처(Google Search Infrastructure)팀에서 일하고 있는 김영진 씨는 몇 차례의 좌절과 고난을 겪으면서도 자신이 정해 놓은 목표 지점에서 눈을 떼지 않고, 그곳을 향해 정진해왔던 사람이었다.

주변 사람들이 어떻게 실리콘밸리에 왔느냐고 물을 때마다 그는 언제나 몇 장의 사진을 보여주곤 한다. 2004년 한국에서 프로그래머로 일하고 있던 그는 단조로운 회사 생활에 지쳐가고 있었다. 출근 인파로 꽉

찬 지하철을 타고 성냥갑을 세워 놓은 듯 개성을 잃은 건물들 사이를 비집고 출근하는 반복되는 일상에 하루하루 지쳐가고 있었다. 그러던 어느 날, 무료함을 달래기 위해 웹 서핑을 하다가 비 내린 마이크로소프트 본사의 사진들을 보고는 한눈에 반하고 만다. 혹자가 보기에는 평범한 건물 사진에 불과했을 테지만, 무기력한 일상에 지친 그에게는, 그리고 그 무엇을 가슴에 품고 동경하던 그에게는 그 사진이 타는 듯한 가뭄을 끝낼 단비와 같았던 것이다.

비슷한 시기, 그는 잊을 수 없는 문화적인 충격을 받는다. 당시 김영진 씨는 미국의 한 엔진회사와 협력 관계하에서 온라인 게임을 개발하는 일을 맡고 있었다. 그 전까지만 해도 프로그래머들은 제품을 개발하기 위해 필요한 소스코드를 구입해서 썼는데, 함께 일했던 그 회사는 자기네들이 만든 소스코드를 무료로 공개하고 있었다. 그들은 소스코드 자체를 공유재산으로 간주하고 있었으며, 또 소프트웨어 환경의 변화가 빠르다는 이유로, 내일이면 옛 것이 될지도 모르는 기술에 집착하느니 새로운 기술 개발에 투자하는 편이 더 낫다는 진취적인 자세를 갖고 있었다. 평소 소스코드는 엔지니어의 생명과 자산이라고 생각하고 있던 김영진 씨에게는 실로 충격적인 일이었다.

위 두 가지 일을 계기로 그는 미국행을 결심한다. 2007년, 주변 지인들의 만류에도 불구하고 퇴사를 결행한다. 그리고 이어서 세인트루이스 워싱턴대학교 컴퓨터공학과에 입학해 험난한 여정에 첫 걸음을 내딛는다.

쉬운 건 하나도 없었다. 첫 학기를 마치고 2008년 1월 구글 인턴 과정에 지원했지만 보기 좋게 떨어졌다. 전화 인터뷰와 일대일 면접에 통과했는데도 말이다. 이유는 간단했다. 구글은 다른 회사와 달리 여름에 시작하는 인턴을 하기 위해서는 전년도 가을부터 봄학기 시작 전까지 업무 매칭이 잘 되는 인턴 부서를 미리 찾아야 하는 것을 몰랐기 때문이었다. 그는 그렇게 기술 인터뷰에 합격했음에도 불구하고 적당한 자리를 찾지 못했다.

하지만 실패를 빌미로 허송세월을 보내기에는 유학생 신분이었던 김영진 씨에게 주어진 시간은 바닥이 얼마 남지 않은 모래시계와 같았다. 그는 곧바로 눈을 돌려 구글코리아 인턴 과정에 지원했고 최종적으로 합격 통보를 받았다. 미국으로 유학을 온 학생이 한국에서 인턴을 하는 것 자체가 아이러니였지만 취업에 한 발이라도 더 가기 위해서는 찬밥 더운밥을 가릴 처지가 아니었다.

그런데 또 다른 시련이 찾아왔다. 구글코리아에서의 인턴은 3개월 동안 진행되었는데, 이 짧은 기간 동안 프로젝트를 마무리해서 가시적인 성과를 낸다는 것이 현실적으로 버거웠던 것이다. 좋은 성과를 내 구글에 눈도장이라도 찍고 싶은 마음에 인턴 과정을 연장해보려고 했지만, 가을 학기에는 인턴 선발 계획 자체가 없었다. 설상가상 2008년 9월 미국 발 금융 위기가 터지면서 현지 취업 시장 전체가 얼어붙었고, 그 때문인지 몰라도 같은 해 11월 입사 지원서를 냈던 모든 회사로부터 불합격 통보를 받고야 만다. 더 큰 문제는 당장 12월이 졸업이라는 사실이었다. 취업이 결정되지 않은 유학생에게 졸업장은 한국으로 돌아가라는 출국 명령서와 같은 의미였다.

사람은 사람의 꿈에 반한다

이런 절체절명의 상황 속에서도 김영진 씨는 오뚝이처럼 일어나려고 했다. 그는 졸업을 연장하기 위한 최선의 방법이 인턴이라는 확신을 갖고, 이미 한 차례 불합격 통보를 받은 바 있는 구글에 다시 한 번 문을 두드렸다. 천신만고 끝에 구글 서치 인프라스트럭처에 자리를 얻었다. 이 팀은 김영진 씨가 두 번째로 인턴을 경험했던 곳이며, 또 지금 그가 구글러로서 당당히 일을 하고 있는 곳이기도 하다.

길이 막히면 돌아가면 된다. 내가 아는 김영진 씨는 눈앞에 마주한 실패를 순순히 인정하고 받아들이는 현실주의자이자, 꿈이 또 다른 현실이 된다고 믿는 이상주의자이다. 현실과 이상을 절충한 덕분에 그는 좌절을 겪을 때마다 아직 자신의 꿈이 덜 무르익었다는 긍정적인 생각으로 자신의 길을 계속 걸어갈 수 있었다. 그는 막힌 길 앞에서 주저앉는 사람이 아니라 막힌 길 앞에서 우회할 방법을 찾으려는 지혜로운 사람이었던 것이다.

정직원 자리를 만든
한 통의 이메일

아는 길도 물어보고 돌다리도 두드려봐야 한다. 대부분의 취업 준비생들이 성실하게 정보를 수집하고서도 취업에 실패하는 경우가 있다. 그들은 자신이 손에 쥐고 있는 정보를 쌓아두기만 하지 그 정보를 제대로 쓸 줄을 모른다. 모르는 것보다 아는 것이 중요하며, 단순히 알고 있는 것보다 아는 것을 이용하는 것이 중요하다. 가장 결정적인 순간에는 단 하나의 정보와 그와 결부된 실천적인 행동이 인생의 향로를 결정짓고는 한다.

K-그룹 모임에서 강의를 했을 때 정수진이라는 엔지니어를 만난 적이 있다. 당시 나는 리더십과 리더와 팀원들의 관계에 대해서 이야기했는데 강의가 끝나고 나를 찾아온 정수진 씨는 내 강의에 상당 부분 공감한다면서 자신도 동료들과 함께 성장할 수 있는 환경이 중요하다는 것을 절실하게 깨달았다고 말한 바 있다. 그는 현재 HP에서 근무 중이며

취업 준비 과정에서도 주변 동료들의 도움을 받아 조금은 편하게 입사를 한 경험을 갖고 있었다.

그는 미국 유학 생활 중 강의 조교를 하면서 알게 된 학부생들 덕분에 인턴 자리를 얻었다고 한다. 보통 대학생들은 졸업을 앞두고 취업 준비를 시작하기에 인턴이나 구직에 관해 풍부한 정보를 갖고 있다. 그렇다고 구직 정보를 무분별하게 공유하지 않는다. 예를 들어 누군가 인턴을 하고 싶어서 정보를 요청하거나 좋은 회사를 추천해달라고 부탁하면 상대에게 가장 적합한 회사에 대한 정보만을 제공한다. 학연과 지연을 중심으로 서로 밀어주고 끌어주는 한국과는 달리, 미국은 친분과 상관없이 오직 개인의 자질과 적성만을 보고 회사를 추천해준다. 이와 같은 합리적인 성향을 가진 학부생들 덕분에 수진 씨는 자신의 적성과 자질에 꼭 맞는 모토로라와 같은 대기업을 비롯해 코텍 엔진을 개발하는 중견회사에서 인턴으로 일할 수 있었다.

물론 인턴에서 정직원이 되기는 하늘의 별 따기처럼 어렵다. 아무리 실력이 출중한 인턴이라고 해도 그에게 딱 알맞은 일자리가 없으면 정직원으로 전환되지 않는다. 실제로 정수진 씨는 각 인턴에게 적합한 일자리가 생기지 않는 이상, 면접 기회가 주어지지 않는다는 현실에 심히 충격을 받았다. 더 큰 문제는 인턴을 하는 도중에 인터뷰 기회를 얻을 수 있는 방법을 아는 사람이 주변에 없었다는 것이다. 가까운 곳에 있는 인턴 동료들도 망연자실 일자리가 생기기만을 기다리기는 마찬가지였다. 정수진 씨를 포함한 모든 인턴들이 같은 고민에 빠져 있었다. 어떻게 하면 인터뷰 기회를 잡고, 또 어떻게 해야 정직원이 될 수 있는지 다들 궁금했던 것이다. 그때 그는 결단을 내렸다. '아무도 모른다면 그 해답을 알고 있는 상급자에게 물어보자.'

그리고 곧바로 책임자에게 이메일을 한 통 보냈다. 그는 책임자에게 보낸 이메일에서 인턴을 하면서 갖게 된 열정을 추후에 정직원이 되어서도 이어나가고 싶다고 적극적으로 어필했다. 결과는 나쁘지 않았다. 이메일을 보낸 즉시 답장이 왔고 다음 날 책임자가 찾아와 수진 씨와 면담 끝에 없던 일자리를 만들어주었다. 그렇게 단 한 통의 이메일이 수진 씨의 앞을 가로막고 있던 장애물을 한 번에 제거해주었던 것이다.

등잔 밑이 어둡듯 해결책도 가까운 곳에 있다. 길 위에 난 갖가지 장애물을 넘어서는 방법을 모르는 자는 제자리걸음을 면치 못한다. 그러나 그 위기를 모면하는 해결책을 손에 쥐고 있는 사람은 의외로 가까이 있을 수도 있다. 정수진 씨의 경우 결국 결정권을 가진 상사와의 면담으로 의외로 쉽게 해결책을 찾을 수 있었다. 그는 단순히 정보 수집만이 아니라 결정권자와의 대면을 통해서 문제를 해결해 나갔다.

고민이 깊다고 문제가 해결되지는 않는다. 문을 열려면 먼저 두드려야 한다. 두드리지도 않았는데 열리는 문은 없다.

괴테는 말했다. "아무것도 되지 않는다는 생각이 들 때, 그 생각에 빠져 있기보다는 세상에서 가장 하찮은 일이라도 하는 편이 낫다."

사람은 사람의 꿈에 반한다

징검돌이
되어라!

글로벌 취업을 준비하는 사람들이 넘어야 하는 강은 크게 두 가지 정도가 있다. 이 강을 넘기 위해서는 본인 스스로 징검다리를 놓을 필요가 있다. 그중 하나는 개인의 역량과 자질의 개발이다. 또 다른 하나는 실전 감각이다. 한국과 미국 사이에는 지리적, 문화적, 언어적, 역사적 차이가 있다. 이러한 간극들은 몸으로 부딪치면서 습득하는 것이 효과적이다.

전문 지식을 습득하고 그것을 공인받는 방법은 크게 학위 획득, 학회 발표, 논문 투고 등이 있다. 이는 실제로 실리콘밸리에서 활동하는 한국인 엔지니어들이 현장에서 그 실력을 검증받는 잣대로 쓰이고 있다. 다음으로 현지 경험을 할 수 있는 경로로는 유학, 어학연수, 해외 연구소 근무, 인턴 등이 있다. 이는 시간과 비용이 많이 든다는 단점에도 불구하고 미국 현지에 있으면서 외국어를 습득하고, 실전 감각을 익히고, 업계의 동향을 파악할 수 있다는 이점이 있다. 강 저편의 미국이라는 세계로 가고자 한다면, 제 손으로 징검다리를 놓아야 하는 수고를 감수해야 한다.

현재 애플에서 근무하고 있는 박종배 씨도 처음에는 강 건너 불구경하듯이 미국 취업에 대해 생각조차 하지 않았다. 그러던 중 박사 1년 차에 본격적으로 취업에 대해 고민하면서 국내가 아닌 해외로 목표를 설정했고, 이를 위해서 박사 2년 차에는 지도 교수님의 권유로 싱가포르 국영연구소에서 1년간 연구원으로 있었다. 물론 그 사이에 각종 국제 학회에서 발표를 하거나 학회지에 논문을 투고하는 것도 게을리하지 않았다. 이러한 과정을 거치면서 해외 취업을 위한 일련의 자격 조건을 갖추었으나 현지 경험은 여전히 백지 상태로 남아 있었다.

국내외 학위를 하던 중에 그는 해외인턴을 통해서 단기적으로나마 현지 경험을 쌓고자 했다. 여러 방면으로 물색하던 중 선배의 추천으로 실리콘밸리의 중견기업에서 인턴으로 일을 할 수 있었다. 비록 3개월이라는 짧은 시간이었지만 자신에게 주어진 프로젝트에서 좋은 성과를 낸 덕분에 그는 정식으로 오퍼를 받고 실리콘밸리에 입성할 수 있었다. 실제로 그는 박사 과정 중 학업 외적으로 여러 방면에서 취업 준비를 했던 것들이 "자신의 마음 한구석에 자리하고 있던 해외 취업에 대한 두려움을 허물어주는 데 큰 도움"이 되었다고 말한 바 있다.

애플에서 근무하고 있는 하정현(가명) 씨 또한 스스로 징검다리를 놓음으로써 불가능을 가능으로 바꾼 경우이다. 그는 한국에서 석사를 마치고 미국 대학에서 박사 학위를 받은 재원이다. 보통 해외 유학 준비생은 거의 대부분 인터넷을 통해서 지원서를 내고 또 합격 통보를 받는다. 그런데 하정현 씨는 남들과 같은 방식으로는 소위 말하는 좋은 대학에 합격할 가능성이 낮다고 판단했고, 고육지책으로 자신이 지원한 대학의 교수들에게 직접 이메일을 보내고 가능하다면 그들과 직접 만나 면담을 해볼 궁리를 했다.

이메일을 보내는 건 쉬웠지만 당시 그는 전역 후 석사 과정에 다시 복학한 상태여서 정신없이 바쁘던 와중이라 미국에 잠시 방문해 누군가를 만나고 온다는 것이 현실적으로 힘들었다. 그런데 마침 자신이 희망하던 대학의 교수가 중국 상하이에서 열리는 학회에 참석한다는 이야기를 듣게 되었다. 신이 주신 기회라고 생각했던 그는 해당 교수에게 15분 정도만 자기를 만나주면 좋겠다고 연락을 보냈다. 지성이면 감천이라고 결국 두 사람의 만남이 상하이 한 학회장에서 이루어졌다. 결과적으로 그는 원하는 대학에 입학했고 그곳에서 착실히 학업을 이수하고 또 그곳에서 만난 사람들의 추천으로 자신이 생각하던 기업에 지원해서 합격하는 단계들을 차근차근 밟을 수 있었다.

스스로 징검돌이 되어야 한다. 징검다리는 온전히 본인 자신이 기울인 노력의 산물이다.

'나'라는 섬에
다리를 놓는 비법

'얼마나 많은 사람을 알고 있는가'보다 '얼마나 많은 사람들이 나를 인정하는가'가 핵심이다. 결국 인맥이란 전략보다는, 진심과 어울리는 말이다.

현재 램버스(Rambus Inc.)에서 근무하고 있는 김주희 씨는 나와 동문이자 실험실 후배로 카이스트에서 석박사를 마쳤다. 박사 학위를 받고 졸업할 때 그녀는 26살의 나이로 카이스트 최연소 박사 출신이라는 영예를 얻었다.

그런 그녀에게도 해외 취업은 만만한 일이 아니었다. 그녀도 고백하는 바이지만 국내에서 석박사를 한 사람들은 해외에서 유학한 사람들에 비해서 상대적으로 열세에 놓일 수밖에 없다. 우선 외국 대학, 기업, 연구소 등과의 관계가 적은 것이 가장 큰 단점이다. 김주희 씨의 경우만 해도 대학 간의 공동 프로젝트에 참여한 것이 유일하게 외국과 교류한 경험이었고, 그 외에 유학생들이 쉽게 도전해볼 수 있는 인턴 경험조차도 없는 백지 상태에 가까웠다.

그녀는 외국 학회 경험을 기반으로 자신의 실적을 쌓는 데 집중했다. 석박사 과정 중에 학술지에 글을 투고하거나 외국 학회에서 자신의 연구를 발표할 수 있는 기회는 열려 있었다. 그녀는 자신과 "비슷한 분야에 있는 사람들에게 '나'라는 사람과 '나의 연구'를 각인시킬 수 있다"고 생각했다고 한다. 그래서 힘닿는 한 많은 학회에 참여했다. 그러한 노력은 세계 최고의 반도체 패키지 학회 EPEPS에서 최우수 학생 연구상(Best Student Paper Award)이라는 값진 결과로 돌아왔다.

하지만 그녀도 실력만으로 인정받을 수 없다는 걸 알고 있었다. 결국 다시 원론으로 돌아와 외국 대학, 기업, 연구소와의 긴밀한 접촉이 절실했다. 어느 조직이든 실력이 갖추어진 사람을 선호하지만 그와 더불어, 함께 일할 수 있는 사람에게 강한 신뢰를 보인다. 그들이 함께 일할 수 있는 사람의 덕목으로 뽑는 것은 단연 인성이다. 이는 서류상의 경력과 같은 객관적인 지표로 가늠하기 힘들기 때문에 대체로 주변인들의 추천을 통해서 확인받는다. 결국 주희 씨는 "'나'라는 사람을 기업에 추천해줄 사람이 있느냐 없느냐"의 차이가 취업의 성패를 가르는 결정적인 요소라고 말한다.

김주희 씨는 실리콘밸리에 먼저 진출해 자신에게도 기회의 장을 열어준 선배들에 대해 침이 마르도록 감사의 말을 아끼지 않았다. 그녀가 자신의 취업 비결을 주변 사람들에게 알리는 데 적극적인 것은 미국 기업 문화의 특성과도 연관이 있다. 실리콘밸리를 포함해 미국 기업 일반에서는 주변인 추천을 중요하게 여기고 있다. 그들은 문서화된 자료들에서는 나타나지 않는 실제 그 사람에 대한 평판을 기준으로 사람을 채용했을 때, 조직 내의 결속과 단결 및 그 조직의 업무 성과의 증진에 큰 이득이 된다고 생각한다. 김주희 씨 또한 인적 네크워크를 적절하게 활용함으로써 실리콘밸리 진출 기회를 잡았고, 그간 자신이 쌓아온 연구 성과를 인정받아 당당히 취업에 성공할 수 있었다.

사람들은 누구나 섬으로 존재한다. 그러나 어떤 사람들은 그 섬에 다리를 놓아 다른 섬과 자신이라는 섬을 연결한다. 어느덧 하나의 섬에 연결된 섬이 많아져 군도(群島)가 되고 제도(諸島)가 된다. 그리고 그렇게 어떤 사람들은 대륙에 버금가는 커다란 섬이 된다.

네트워크는 곧 나의 다른 이름이다. 어쩌면 네트워크가 나 자신일 수도 있다. 나무는 그 뿌리를 내릴 기반이 없으면 존재할 수 없다. 바람이 불지 않으면, 비가 내리지 않으면, 해가 비추지 않으면 성장하거나 열매 맺을 수 없다. 그래서 김주희 씨는 말한다. 땅도 나무고, 바람도 나무고, 비도 나무며, 해도 나무라고.

네트워크는 무리 짓기가 아니다. 네트워크의 핵심은 공유하고 나누고 함께 발전하는 것이다. 물론 이 세상을 나쁘게 바꾸었던 무수한 일들이 네트워크에 의한 것이었지만, 이 세상을 선하게 바꾸었던 무수한 일들 역시 네트워크에 의해 가능한 것이었다.

찰리 채플린은 이렇게 말했다. "사람들은 서로 돕기를 원한다. 인간이란 그런 존재이다. 우리는 서로의 불행이 아니라, 서로의 행복에 의지해 살아가길 원하는 그런 존재이다."

사람은 사람의 꿈에 반한다

장단기적인 전략과
꼼꼼한 준비

비자 발급은 해외 취업에 있어서 마지막 단추라고 할 수 있다. 미국 영주권자 및 시민권자가 아니라면 취업 비자가 있어야만 미국에서 법적 보장을 받으면서 일할 수 있다. 지원, 인터뷰, 최종 합격 통보를 받고도 비자 문제가 해결되지 않아서 취업에 실패하거나 취업이 연기되는 경우가 종종 있다. 특히 비자 문제는 그 절차가 까다로워 미국 기업이 해외 인력 유치에 소극적인 이유가 되기도 하거니와 해외 취업 준비생들이 가장 넘기 힘든 벽 중 하나이기도 하다. 이 모든 게 외국인 노동자의 숙명이라고 생각하고 사전에 준비해두어야 한다.

현재 실리콘밸리에서 근무하는 대부분의 한국인 엔지니어들은 취업 비자(H1B)를 발급받는다. 인터뷰에 합격해 오퍼를 받고 나면 회사의 도움을 받아서 4월에 비자를 신청하고 늦어도 10월 전에는 승인을 받는다. 취업 비자는 인원에 제한을 두고 있으며 또 추첨식으로 발급을 해주기 때문에 흐름을 잘 타는 것이 관건이다. 특히 미국은 법적으로 자국민을 보호하려는 목적에서 비자 발급에 있어 인원 제한을 두고 있다. 또한 그 숫자는 경기 흐름이나 국제 정세에 따라서 증가하기도 하고 감소하기도 한다. 대표적인 예로 2001년에 9·11 테러가 난 이후에는 한동안 취업 비자 발급이 어려워 한국인들의 실리콘밸리 진출이 일시적으로 가로막히기도 했다.

한편 해외 취업 준비자들에게 또 다른 길이 열려 있으니, 그것은 특수재능비자(O비자)이다. 취업 비자에 비해서 임금 지급 규정 및 신청 기한에 어떠한 제한도 두지 않고 있어 취업 준비생들이 가장 선호하는 비자이기도 하다. 보통 특수재능비자는 과학, 교육, 사업, 체육 및 예술 분야에서 뚜렷한 성과 및 업적을 일군 사람들에게 주어지는 비자로 심사는 대체로 실적을 증명할 만한 유무형의 자료 제출을 필요로 한다.

애플의 박종배 씨가 특수재능비자를 받은 사연은 이렇다. 그는 취업 당시 회사로부터 10월경에 최종 합격 통보와 함께 오퍼를 받았다. 그러나 종배 씨가 기존에 가지고 있던 취업 비자는 기간이 만료된 상태였다. 오퍼는 받았지만 일은 할 수 없는 상황이 되자 회사 측에서 종배 씨에게 특수재능비자를 신청해보자고 권유했다. 평소 종배 씨는 노벨상 수상자나 박찬호처럼 거물급 인사가 아니면 특수재능비자 발급이 어렵다고 생각했지만, 물러설 곳이 없는 상태에서 밑져야 본전이라는 생각으로 비자를 신청했다. 재학 시절 쓴 40편의 논문 리스트, 국내외에서 수상한 상장, 그리고 지인들로부터 받은 10편의 추천서를 이민국에 제출했다. 그런데 불가능하다고 여겼던 특수재능비자가 기적처럼, 그것도 일주일 만에 발급이 되었다.

국내 S전자에서 근무하다가 실리콘이미지(Silicon Image)로 옮긴 정유철 씨도 특수재능비자를 받은 경우이다. 그는 다니던 회사를 그만두고 해외 취업에 도전했지만 처음에는 고배를 마시고 이후 박사 후 연수 과정으로 미국에 가서 재취업에 도전했다. 그도 종배 씨처럼 회사에 합격은 했지만 막상 일을 시작하려고 해도 취업 비자가 없는 상황이었다. 이에 회사 측과 의논하여 재학 시절의 논문 및 수상 실적, 그리고 추천서를 준비해 특수재능비자를 신청했다. 그에 따르면 한국에서 직장 경력사항을 강조한 것이 비자를 발급받는 데 큰 도움이 되었다고 한다. 최종적으로 그가 비자 발급을 신청하고 승인 통보를 받는 데는 2개월이 조금 넘게 걸렸을 뿐이다.

취업 비자는 해외 취업 준비자의 필수 사항이지만 본인의 실적과 경험에 비추었을 때 특수재능비자도 차선책으로 타진해보는 것이 좋다. 특히 각 비자의 장단점을 사전에 잘 파악해두고 현재 자신의 위치에 따라서 각기 다른 방법을 모색해야 한다. 앞서 말했듯이 취업 비자는 신청 기간이 중요하다는 것을, 그리고 특수재능비자는 결코 불가능한 것이 아니라 본인의 경력과 실적이 우수하다면 충분히 도전해볼 수 있다는 것을 기억해둘 필요가 있다.

이와 더불어 미국에서 그리고 실리콘밸리에서 보다 오랫동안 일을 하기 위해서는 비자에 묶여 있기보다는 영주권이나 시민권까지 획득하는 것이 좋다. 미국에서 첫 직장을 가진 후 2~3년이 지나면 이직의 자유가 생기는데, 이때 취업 비자를 가진 사람보다는 특수재능비자 또는 영주권, 시민권을 가진 사람에게 더 후한 대우를 해준다. 잠정적으로 취업 비자는 만료 이후에 본국으로 돌아간다는 것을 뜻하지만, 영주권이나 시민권자는 미국 내에 머무르면서 오랫동안 일을 한다는 것을 뜻하기 때문에, 취업 시장 및 이직 시장에서는 영주권자나 시민권자를 더 선호하고 있다.

비자, 영주권, 시민권은 미국 내에서 자유로운 노동의 권리 증명서와 같은 것이다. 각각에 대한 장단기적인 준비를 해나갈 필요가 있다.

사람은 사람의 꿈에 반한다

해외 취업비자 정보

미국 생활 및 visa 관련: www.workingus.com

Visa 관련 정보가 있는 유용한 사이트: www.immigrationgirl.com

미국 대사관: http://korean.seoul.usembassy.gov/

미국 전문직 취업비자(H1B): 미국에서 일하고 싶어 하는 인도, 중국, 한국 등의 취업지원자들이 미국 전문직 취업비자(H1B)를 선택한다. H1B는 비자 개수가 한정되어 있는 데 반해 지원자 수는 매년 증가하는 추세여서 로터리에서 당첨이 되어야만 그 다음 단계를 진행할 수 있다. 실제 H1B 로터리에서 3년 내내 당첨이 되지 않아 오랜 기간 유학을 하고도 본국으로 돌아가야 하는 최악의 상황도 있다.

O비자: H1B는 기본적으로 스폰서가 구해지면 진행을 하면 되지만, H1B 로터리에 당첨되지 않을 때에는 대안으로 O비자를 알아보면 된다. O비자는 논문/특허 등 연구 업적과 해외에서의 인지도 등이 높아 연간 허용 비자 수에 제한이 없으므로 변호사를 통해 O비자의 조건에 해당하는지를 확인한 후 진행한다.

L비자: 대학 졸업 후 처음부터 미국 취업을 목표하고 있다면 미국에 본사를 둔 다국적 기업의 한국 지사에 취업해서 주재원비자(L-1A/B)를 취득할 수도 있다. 많은 다국적 기업들이 H1B 로터리에서 떨어진 해외 지원자를 놓치고 싶지 않을 경우 주재원비자의 거주 조건을 충족시키기 위해서 미국이 아닌 해외의 다른 지사에서 1년 동안 근무하게 한 후 주재원 비자로 미국에서 일하도록 하는 방법을 취하고 있다.

NIW비자: 연구 업적과 경력이 충족된다면 미국 스폰서를 구하지 하고 개인적으로 영주권을 취득할 수 있는 NIW를 통해 미국 취업을 하는 것도 또 하나의 대안으로 떠오르고 있다. 박사 학위 소지자, 교수, 엔지니어 등이 NIW(National Interest Waiver)로 영주권 획득 후 미국 내 취업하는 방법을 많이 시도하고 있다. 비자 관련 정보는 앞서 소개한 사이트를 통해서 정보를 얻기 바란다.

미국 취업을 위한
체크리스트

취업 지원부터 미국 근무 시작까지의 과정을 살펴보도록 하자. 모든 과정을 상세하게 확인할 수 있도록 필요 과정을 아래와 같이 항목별로 정리해보았다. 각 항목별로 체크한 후 미국 취업을 위한 준비가 어느 정도 되어 있는지 스스로 확인해보는 것도 의미 있는 일이 될 것이다.

❶ 영문 이력서를 미리 작성해 놓는다. 지금까지의 경력만을 나열한 것이 아니라 본인의 독창성을 나타내는 내용을 반드시 기록한다

❷ 갑작스럽게 진행할 수도 있는 인터뷰를 대비해 이력서와 업무 분야에 요구되는 지식과 기술을 바탕으로 한 영문 인터뷰 Q&A list를 작성한다

❸ 미리 작성한 영문 Q&A의 내용에서 특히 답변 부분의 영어 표현을 완벽하게 외우도록 한다.

❹ 미국 회사들은 기본적으로 해외 지원 인력에게는 흥미를 가지지 않는다. 하지만 앞서 소개한 링크드인/글래스도어/몬스터닷컴에서 자신의 경력과 일치하는 구인 계획이 있을 때마다 포기하지 말고 지원하는 것이 좋다. 실망하지 않고 지속적으로 하다 보면 뜻하지 않은 기회가 올 수 있다. 만약 구인 계획이 있는 회사에 본인의 경력을 추천해줄 수 있는 지인이 있다면 그에게 이력서를 보내 도움을 요청하는 것도 좋은 방법이다.

❺ 인사부서 혹은 고용 매니저로부터 인터뷰 요청이 오면 본격적인 취업 프로세스

사람은 사람의 꿈에 반한다

가 진행된다고 볼 수 있다. 전화 인터뷰와 온 사이트 인터뷰를 병행해서 진행하는 것이 일반적인 프로세스지만 전화 인터뷰에서 끝날 수도 있다. 전화 인터뷰든 온 사이트 인터뷰든 인터뷰어들이 질문한 내용을 토대로 영문 Q&A 리스트를 만들고 업데이트한다.

※ 지원하려는 부서의 성격과 업무를 미리 확인하고 예상 질문 리스트를 작성한다. 만약 영어 혹은 갑작스러운 질문에 대처하는 능력이 부족하다고 생각된다면 인터뷰를 시작할 때 먼저 자기 소개를 하겠다고 하면서 보유하고 있는 주요 기술과 경험에 대해서 강조하도록 한다. 이런 경우 대부분의 질문이 먼저 진행한 자기 소개 영역을 벗어나지 않게 되는 장점이 있다.

❻ 고용 매니저가 채용을 결정을 하면 해외 취업이므로 HR과 비자에 대해서 협의하고 연봉/의료보험/연금/주식/이주 비용 등 상세한 부분까지 논의한 후 고용확인서에 반영하도록 한다. 고용확인서에 양측 간 사인이 완료되는 것까지 마쳐야 함을 잊지 말자.

❼ 비자 승인이 나면 주한 미국대사관 홈페이지를 통해서 인터뷰를 위한 사전 작업을 진행하고 인터뷰를 통과하면 고용 매니저와 첫 근무 일에 대해서 다시 협의한 후 인사부서에 전달할 서류 등을 준비해서 미국으로 출국한다.

꿈을 성취하는 글로벌 인재의
10가지 조건

PART 03

분투하고,
추구하고, 발견하고,
굴복하지 않으리니

10년 동안의 실리콘밸리 생활을 마무리하고 한국으로 돌아오는 비행기 안에서 맹자의 말을 떠올렸던 건 우연이 아니었다. 맹자 말씀에 '천시(天時)는 지리(地利)만 못하고 지리는 인화(人和)만 못하다' 했다. 전쟁론을 설파하면서 했던 그의 말에 따르면 하늘의 뜻보다도 성곽을 탄탄히 쌓는 것이 중하며, 그보다 더 중요한 것은 지도자를 따라줄 민심이다. 모든 일에는 때가 있고 그것을 위한 만반의 준비를 갖춘 상태에서 사람들을 귀히 여기는 마음가짐을 가지라는 말이다.

실리콘밸리에서 내 모든 경험은 천시, 지리, 인화의 중요성을 깨우치는 과정의 연속이었다. 한국으로 새로운 자리를 찾아오면서 내 스스로가 남을 위해서 이로운 사람이 되어야겠다는 생각을 품었던 것도 그런 배움의 시간이 있었기 때문에 가능했다고 생각한다. 비록 한국에서 내 힘으로 천시와 지리를 극복할 수는 없겠지만 인화는 실천할 수 있겠다는 확신이 섰다. 몸소 동료와 후배들에게 이로운 일을 행한다면 사내에서 조용한 혁명을 일으키는 일이 그리 어려워 보이지 않았던 것이다.

실리콘밸리는 약속의 땅과 같다. 샌프란시스코 연안의 이곳은 19세기 말 무렵에만 해도 미개척 지대였다. 이른바 골드러시 시대를 맞아 일확천금을 노리고 금광을 찾아온 서부 개척자들로 들썩였던 곳이자, 온화한 기후에 걸맞게 오렌지농장이 밀집해 있던 시골이기도 했다.

오늘날 실리콘밸리의 시발점은 1957년 동부의 벨 연구소에서 뛰쳐나온 로버트 노이스를 포함해 여덟 명의 엔지니어들이 설립한 '페어차일드 반도체(Fairchild Semiconductor)'로 알려져 있다. 1971년 〈일렉트로닉 뉴스(Electronic News)〉에서 샌프란시스코 베이 에어리어 지역의 산업에 대한 연재를 시작하면서 정식 행정구역 명칭도 아닌 '실리콘밸리'라는 말이 통용된 것이다. 1980년대에는 IBM에서 PC를 출시하면서 세계 정보 통신 시장에 새바람을 일으켰고, 이후 인터넷 붐, 모바일 붐이 일어났다. 금광, 과수원의 땅이 최첨단 산업 기지로 바뀌어 전 세계 경제 시장의 지각 변동을 일으키는 진원지로서 우뚝 서게 될 것이라고 누가 예측이나 했겠는가.

성공을 점지해준 것은 신일 수도 있지만 결과적으로 그 운명을 붙잡은 것은 인간이었다. 실리콘밸리는 수천 개의 기업들이 모여 커다란 산업군을 형성한다. 한편에는 인텔, HP, 티아이, 퀄컴, IBM, 애플과 같이 반도체, PC, 서버 등에 주력했던 터줏대감이 있고 다른 한편에는 구글, 페이스북, 에어비엔비, 우버와 같이 모바일과 인터넷을 기반으로 한 신생 기업들이 있다. 특히 요즘에는 모바일 어플리케이션, 사물 인터넷,

자율주행 자동차와 같은 미래 사업을 놓고 동종 업계 기업들 간의 기 싸움이 한창이다. 같은 땅에서 수많은 기업들이 선의의 경쟁과 상호 간의 협력 속에서 만들어내는 시너지 효과는 가히 세계 최고라고 불러도 손색이 없다.

실리콘밸리에는 또 다른 전통이 형성되어 있다. 바로 사람을 귀히 여기는 문화다. 익히 알려져 있듯이 금광으로 부를 축적하고 철도회사를 운영했던 리랜드 스탠퍼드는 1891년 '세상에 직접적으로 유용한 사람을 만들어야 한다'는 설립 원칙 아래 스탠퍼드 대학을 세웠다. 스탠퍼드는 공학에 집중적으로 투자함으로써 대학, 연구소, 기업 간의 삼각편대를 구축했고, 이를 바탕으로 대학이 산업 역군 및 인재를 길러내는 인큐베이터로서 기능할 수 있음을 몸소 보여주었다.

세상에 이로운 사람을 만든다는 그들의 교육관은 실제 결과로 나타났다. 대표적으로 1939년 HP를 창립한 윌리엄 휴렛과 데이비드 패커드는 스탠퍼드 전기공학과 출신이었다. 특히 이 두 사람은 차고에서 시작해 회사를 창립한 경우로, 후일 실리콘밸리의 창업 신화의 스토리를 정착시킨 주인공들이기도 하다.

현재 전 세계 각국에서 '제2의 실리콘밸리'를 부르짖고 있다. 미래를 선도할 산업을 예측하고, 그에 맞는 산업 단지를 조성하는 움직임이 일고 있다. 하지만 피상적인 모방만으로는 실리콘밸리가 반세기 이상에 걸쳐서 이루어낸 족적을 따라잡기 힘들다. 자칫 타인의 노력을 요행으로 치부하고 그것을 과소평가한다면 그 결과는 성급한 흉내 내기에 머물고 말 것이다.

글로벌 취업을 준비하는 한국의 청년들에게 무엇보다 나는 인문정신을 강조하고 싶다. 현재 한국에서 불고 있는 인문학 열풍과는 반대되는 소양이다. 인문정신은 인문학적 지식의 습득과는 다르다. 나로의 침잠이 아니라, 존재에 대한 탐구가 인문정신의 핵심이다. 그리고 인간과 인간이 모여 있는 사회와 세계에 대한 탐구이다. 존재의 행복을 가로막는 것이 무엇이며 도전적으로 사색하고, 보다 인간다운 세계를 위한 조건은 무엇인지 성찰해야 한다.

지금까지 세계 경제를 선도해온 산업에는, 그리고 지각변동을 일으켜온 기술에는 모두 인간다움에 대한 깊은 사색과 인간의 욕망이 담겨있다. 구글이 그랬고, 애플이 그랬으며, 페이스북이 그랬다. 날개가 그러했고, 바퀴가 그러했으며, 휴대전화가 그러했다.

사람이 사람의 꿈에 반하듯, 앞으로의 산업 역시 그 산업의 꿈에 소비자가 반할 때 폭발할 것이다. 글로벌 무대에 도전하는 청년이라면, 지금 내가 가지고 있는 역량이, 그리고 기술이, 지금 내가 고민하는 그 무엇이, 내가 품고 있는 비전이 사람들의 꿈과 고민과 해결되지 않는 욕망과 어떻게 연결되는지 보다 더 구체적으로 깊이 고민해야 한다.

그 뜨거운 고민의 고갱이가 인문정신이다. 19세기 영국의 시인 알프레드 테니슨의 시 〈율리시스〉의 마지막은 다음과 같이 끝을 맺는다.

세월과 운명에 약해졌지만, 의지는 강하다.
분투하고, 추구하고, 발견하고 결코 굴복하지 않으리니.

코딩
비트를 링크하고
브라우징하라

현재 모바일 산업이 실리콘밸리를 이끌고 있다면, 이곳의 내일은 자동차 산업이 중심이 될 것으로 기대된다. 2007년, 스티브 잡스가 아이폰을 선보였을 때 업계의 질서는 단숨에 애플을 중심으로 재편되었다. 그리고 2013년 애플, 구글, 인텔과 같은 회사들이 자동차 산업에 공식적인 참여를 선언했다. 지금 실리콘밸리는 자동차를 중심으로 한 테크놀로지 혁명의 승기를 잡기 위한 각축전이 벌어지고 있다.

2007년 아이폰의 출현은 전 세계 산업의 판도를 바꾸어 놓았다. 2000년대 초만 해도 휴대전화 제조업 분야에서 노키아는 부동의 1위였다. 그에 반해 애플은 컴퓨터 관련 산업에 주력하고 있는 상태였다. 노키아가 몰락한 이유는 이미 자체 기술력을 가지고 있으면서도 스마트폰 중심으로 재편될 휴대전화 시장의 미래를 예측하지 못했다는 점이다. 그들은 모토로라, 삼성, 팬텍과 같이 기존의 피쳐폰을 개발하는 기업만을 경쟁자로 인식하는 실수를 범한 것이다. 실제로 시장 질서를 뒤바꾸어 놓을 정도의 대대적인 혁신은 내부 경쟁자가 아니라 외부에서 혜성처럼 등장한 애플이었다.

애플의 공격적인 사업 진출과 아이폰의 등장이 동시대에 미친 영향은 실로 광범위했다. 금속 재질의 물질성을 그대로 노출시키면서도 전화기의 디자인 원형은 그대로 살린 아이폰의 심플한 외관은 고객들의 심미적 욕구를 충족시켰고, 터치스크린 기술을 활용하는 촉각적 지각 방식의 인터페이스가 최적의 상태로 구현되었다. 뿐만 아니라 모바일 시대를 살아가는 대중들에게 상시 인터넷 접속의 꿈을 실현시켜줌으로써, 스마트폰은 그 존재 자체만으로 인류의 새로운 신분증명서가 될 수 있었다. 이후 스마트폰 업계는 iOS 운영체제를 앞세운 애플과 안드로이드 운영체제를 앞세운 구글의 양강 구도 체제로 굳어졌다. 혹자는 애플의 아성이 예전만 못하다고들 하지만, 분명한 것은 아직도 모바일 혁명의 불길이 꺼질 기미가 보이지 않는다는 것이다.

좀 더 거시적인 안목으로 봤을 때, 실리콘밸리의 혁신은 크게 하드웨어 분야와 소프트웨어 분야로 나뉜다. 전통적으로 실리콘밸리는 하드웨어 플랫폼의 혁신으로부터 출발했다. 오늘날 일상의 조용한 혁명을 주도하고 있는 스마트폰이나 태블릿과 같은 스마트 기기에서부터 전기 자동차나 자율주행 자동차까지 하드웨어 분야의 영역은 날로 넓어지고 있다. 또한 실리콘밸리는 소프트웨어와 애플리케이션 분야도 이끌고 있다. 애플리케이션 산업을 중심으로 갖가지 빛나는 아이디어들을 생산하는 엔지니어들이 매일 새로운 서비스 개발에 촉각을 곤두세

사람은 사람의 꿈에 반한다

우는 곳이 실리콘밸리이다.

이러한 가운데 실리콘밸리에서는 새로운 혁명의 조짐이 보이고 있다. 자동차 산업은 모바일 혁명을 이을 차세대 혁신 주자로 떠오르고 있다. 전기 자동차를 판매하는 테슬라는 자체적으로 꾸준히 모델을 개발해 현재까지 대략 5만여 대를 판매했고, 2015년만 5만 대가 더 팔린 것으로 추측된다. 또 머지않아 보급형을 출시할 예정이다. 미래 에너지원에 대한 관심에서 출발한 전기 자동차는 이제 IT 산업과 손을 잡고 자동차에 스마트폰 운영체제를 결합하는 단계에 도달했다. 자동차 사업에 애플, 구글이 본격적으로 뛰어들면서 이 분야는 장차 정보와 오락이 결합된 인포테인먼트(infotainment)산업으로 거듭날 것으로 보인다. 그럴 경우 자동차는 단순히 운송 수단이 아니라 자동차가 자율주행을 하는 가운데 사람들은 사무를 보거나, 음악을 듣거나, 독서를 하거나, 오락을 할 수 있는 복합적인 공간이 될 것이다.

실제로 실리콘밸리에서 자율주행 차량의 시험 주행은 심심치 않게 볼 수 있다. 자동차 산업이 각광받는 것은 제반 테크놀로지의 동반 성장 덕분이다. 모든 사물들이 항시 인터넷에 접속되는 사물 인터넷(internet of things), 사물과 사물 간의 통신이 자유로운 사물 통신(machine to machine)이 대표적이다. 이러한 기술적인 개념을 자동차에 도입한 커넥티드 카는 도로 교통 정보와 주변 지형 및 사람들의 움직임을 파악하여 스스로 주행로를 결정하고 속도를 조절할 수 있다. 바야흐로 자동차 산업은 또 다른 애플의 위상을 꿈꾸면서 도약을 준비하고 있다. 이것이 실리콘밸리를 현재진행형의 가능성이 있는 땅으로 보는 결정적인 이유이다.

21세기 글로벌 마인드의 두 번째 핵심은 바로 '코딩(coding)', 즉 정보를 분석하고 '링크'하여 가공, 창조하는 능력이다. 지난 세기가 수학과 같은 정량적 사고가 지배하는 세기였다면, 오늘날은 정보를 손에 쥐고, 옮기며, 새로운 가치를 만들어내는 창의적 사고가 지배하는 세기이다.

이스라엘, 일본, 미국, 영국, 그리고 스칸디나비아의 나라들이 '코딩' 교육에 매진하고 있는 것도 이와 맥을 같이한다. 오바마 미국 대통령은 "코딩을 배우는 것이 개인의 미래는 물론, 국가의 미래를 위해서도 매우 중요하다"라고 강조했다. 〈한국경제신문〉은 미국에서만 앞으로 10년, 소프트웨어 인력이 100만 명 부족할 것이란 전망을 인용해 보도했다. 삼성전자는 2020년까지 소프트웨어 인력을 20만 명 충원할 것이라 발표했다.

"자동차는 이제 가솔린이 아니라 소프트웨어로 움직인다." 메르세데스 벤츠 사장의 말이다. 비트와도 같은 정보를 서로 링크하고 그것을 새롭게 브라우징해 세상에 선보이는 능력이 요구된다.

사람은 사람의 꿈에 반한다

승자들의
싸움의 기술

　　해외 유수의 산업단지들은 국가가 주도한 경우가 대부분이다. 이러한 계획 중심적인 산업단지는 대체로 수명이 짧다. 일례로 19세기말 영국 산업혁명의 심장부 역할을 했던 트래포드 파크(Trafford Park)는 1950년대까지 번성했으나 새로이 나타난 지식 산업의 조류에 편승하지 못한 채 한동안 산업단지로서 제 기능을 다하지 못했다. 실제로 1980년대 말 무렵 민간, 정부, 기업들이 힘을 모아 트래포드 살리기에 나서기 전까지는 사실상 이곳은 유령 도시와 다를 바 없었다.

　　실리콘밸리의 특징 중 하나는 자생성이다. 이곳에는 동종 업계들이 군집을 이루어서 유기적인 총체를 구성하고 있다. 비유컨대 원스톱쇼핑이 가능한 곳이기도 하다. 소비자가 상품을 모두 한 곳에서 구매하게끔 한다는 원스톱쇼핑의 개념은 그 역사로 치자면 멀리 백화점이 최초로 등장했던 19세기 말부터, 온갖 잡다한 물품들이 모이는 상설 시장의 등장까지 거슬러 올라간다. 속된 말로 시장은 없는 거 빼고는 다 있는 별천지의 세계이다. 실리콘밸리도 마찬가지다. 멀리 타국의 기업들과 협력하지 않고도 실리콘밸리 내부의 기업들과 손잡아도 세계 경제를 호령하고 선도할 역량이 갖추어져 있는 것이다.

일례로 휴대전화 산업을 들여다보자. 휴대전화 사용을 위해서는 단말기, 플랫폼, 콘텐츠 등이 필요하다. 단말기라고 하면 애플의 아이폰과 같은 제품을 가리키며, 플랫폼은 애플의 iOS나, 구글의 안드로이드처럼 휴대전화에서 사용하는 운영체제다. 마지막으로 콘텐츠는 우리가 휴대전화에서 사용하는 수많은 애플리케이션을 비롯한 각종 프로그램을 가리킨다. 물론 이 외에도 네트워크가 갖추어져 있어야 하고, 휴대전화에 들어갈 각종 부품을 개발하는 회사들도 있어야 한다. 실리콘밸리 내부에는 이미 모바일 혁명을 선도할 수 있는 제반 산업들이 모여 있다. 한국이 단말기와 네트워크 분야에서는 두각을 나타내면서도 운영체제와 콘텐츠 면에서 아직 세계 일류라는 찬사를 받기에는 부족한 면이 있다는 점을 고려해본다면, 실리콘밸리 내부의 산업군이 만들어내는 국제적 경쟁력의 힘을 어림잡아 볼 수 있다.

더 무시무시한 사실은 제각기 다른 목소리를 낼 것처럼 보이는 기업들이 실제로는 한 목소리를 낸다는 것이다. 스티브 잡스가 아이폰으로 스마트폰 시대를 열었을 때 그 결과는 모바일 시장에서 두 가지로 나타났다. 스마트폰 기술이 시기 상조라고 생각했던 노키아는 침체를 겪었고, 스티브 잡스를 견제하고 질투하면서도 그의 길을 따랐던 많은 이들은 살아남았다. 애플이 iOS를 내놓자 구글은 안드로이드 개발에 착수

했다. 그 결과 스마트폰 운영체제는 애플과 구글의 양자대결로 좁혀졌다. 발명과 발견은 개인의 몫으로 남지만 그것의 정착과 일상화는 집단적인 승인과 노력을 통해 가능하다는 사실이 증명된 것이다.

이처럼 퍼스트 무버(first mover)와 그를 따르는 추종자들이 만들어가는 산업 지형은 오랜 시간과 노력의 결과이다. 오늘날에는 애플 아이폰의 선례를 따라 전기 자동차, 자율주행 자동차 등이 개발되고 있다. 아직 이 분야에서 창조적인 독과점의 형태는 출현하지 않았다. 다만 미래 산업의 재편을 위해서 실리콘밸리의 여러 회사들이 자동차 산업에 뛰어들어서 각자가 가지고 있는 기술력으로 미래형 자동차에 맞는 제품을 개발하기 위해서 노력을 기울이고 있다.

창조적 혁신을 위한 발명이 거듭될수록 전기 자동차의 장밋빛 미래가 머지않아 열릴 것으로 보인다. 전기 자동차를 수년 전부터 생산 및 개발해오고 있는 테슬라는 흑자보다는 적자가 많은 기업이다. 그들은 적자를 감수하고서도 소량 생산으로 전기 자동차 시장의 외연을 서서히 확장해나가고 있다. 또한 현재 구글은 자율주행 자동차 개발팀을 별도로 두어 일반인들을 대상으로 시운전을 할 수 있는 단계에 이르렀다. 자동차 시장의 리더를 속단하기 힘들지만, 적어도 이 사업에 뛰어든 모든 기업들이 실리콘밸리에서 한 목소리로 미래 산업의 중심에는 자동차가 있다고 진단한다는 사실에 촉각을 곤두세울 필요가 있다.

물론 무한경쟁의 시장 경쟁 논리에 따른다면 독과점을 피해갈 수는 없다. 그러나 이를 방지하기 위한 법률적 장치도 마련되어 있다. 일례로 인텔의 경우 CPU 시장 점유율이 약 80퍼센트를 웃돌고 있으며 그로 인해 늘 독과점이라는 법률적 위반의 대상이 되고는 했다. 그러나 AMD 가 차지하는 시장 점유율 10퍼센트 덕분에 인텔은 독과점 회사라는 오명을 쓰지 않아도 되었다. AMD 입장에서는 인텔의 장기적인 집권으로 배가 아플지 모르지만, 인텔의 입장에서는 AMD가 고마운 존재다. 이처럼 실리콘밸리의 동종 업계 기업들은 독과점을 방지하기 위한 균형추로서 상호 견제를 하면서도 서로 윈-윈할 수 있는 선의의 경쟁자로서 시장 생태계를 구축하고 있다.

한편 실리콘밸리는 단순히 기술 경쟁뿐만 아니라 심리전에도 심혈을 기울인다. 목소리가 큰 사람이 이긴다는 말처럼 고객의 욕망을 적확하게 짚어내고 그들을 충분히 설득할 수 있는 기업들이 시장을 선도하는 법이다. 전문 용어로 트렌드세터(trend setter)라고 불리는 기업들은 소비자가 욕망하고(wants) 필요로 하는(needs)바를 정확하게 짚어내는 자들이다. 일례로 스마트폰이 등장했을 때나 지금처럼 자율주행 자동차가 개발되고 있을 때나 실리콘밸리의 기업들은 하나의 목소리로 시장의 유행을 선동하는 역할을 했다. 처음에는 의아해하던 고객들도 계속 보고 들으며 결국 그것이 옳다고, 또 그것이 필수적인 제품이라고 고개를 주억거리고는 했다. 산업군의 전체의 결집된 목소리가 시장 전체에 반향을 일으키고 있는 것이다.

결국 일군의 산업 집단이 만들어내는 조직력이 시장 지배를 판가름 짓고 있다. 이것은 맹자로 치자면 '지리'에 해당한다. 신기술의 개발로 세계 산업의 판도를 바꾸는 흐름을 타는 호기를 잡았다고 한들 지리가 없다면 백해무익하다. 경쟁하면서도 전략적으로 제휴하고 시장의 흐름을 함께 만들어가는 실리콘밸리의 노력은 진부하지만 값진 교훈 하나를 일깨워준다.

경쟁과 제휴를 자유롭게 넘나들 줄 아는 오픈 마인드, 이것이 글로벌 인재가 반드시 갖춰야 할 세 번째 마인드다.

누에는 뽕잎을 먹고
비단실을 토한다

실리콘밸리의 수많은 회사를 일반화하는 것은 쉽지 않다. 주력 사업이 다르고 기술력과 인력에서 차이를 보이는 수많은 기업들을 실리콘밸리라고 묶어서 설명할 수 있는 이유는 이곳에서 공공연하게 타 기업을 모방하는 일이 벌어지고 있기 때문이다. 즉 실리콘밸리를 가만히 들여다보면 쌍둥이처럼 닮은 기업들을 발견할 수 있다.

이러한 현상은 새로운 물꼬를 트는 사람들이 있기 때문에 가능한 것이다. 실리콘밸리의 퍼스트 무버들은 인식의 전환과 그것을 실천에 옮길 수 있는 추진력을 바탕으로 전통이라 불리는 바위 덩어리를 산산조각 내는 역할을 한다. 그렇다고 이 과중한 임무를 한 사람 또는 한 기업이 전적으로 도맡는 건 아니다. 개척자와 같은 사람이 반짝이는 아이디어를 내놓으면 그의 의견을 따를 수 있는 다수의 무리가 모여 결집된 힘을 만들어낸다. 한 사람이 물꼬를 트니 강이 되고 바다가 되는 꼴이다.

그 다음부터는 '모방은 창조의 어머니'라는 원칙이 적용된다. 전 세계의 모든 가수들이 스티비 원더, 마이클 잭슨, 비틀스의 노래를 카피하는 모습을 심심치 않게 볼 수 있듯이, 동종 분야의 전문가들을 교본으로 삼아 자기 자신의 전문성을 강화하는 방법이 실리콘밸리에서도 쓰이고 있다.

특히 실리콘밸리는 타 조직 문화의 장점을 흡수하기로 유명하다. 앞서 우리는 구글의 20퍼센트 문화에 대해서 말한 바 있다. 20퍼센트의 시간을 여가와 자기 계발에 투자함으로써 새로운 기술을 개발할 수 있다는 것이 증명되자 많은 회사들이 구글의 유연한 조직 문화를 모방하기 시작했다. 여기저기서 출퇴근의 자유, 재택근무의 일상화, 그리고 여가 시간의 확충을 통해 창의적인 조직 문화를 구축하려고 했다.

직원에게 파격적인 비즈니스 편의를 제공하는 사례도 모방의 대상이 되고 있다. 인텔은 직원들에게 업무용으로 사내 비행기를 이용할 수 있게 한다. 내가 근무할 당시에 가장 고된 일 중 하나는 미국 각지에 흩어져 있는 사이트를 돌면서 팀원들을 관리하는 일이었다. 팀원들이 폴섬, 애리조나, 산타클라라에 흩어져 있었고 심지어 인도와 말레이시아에서 근무하는 사람들도 있었다. 이들을 일 년에 최소 2~3회 만나서 면대면으로 인터뷰를 하는 일은 시간과 체력 소모가 만만치 않았다. 다행히도 회사에서는 장거리 이동이 필요한 업무에 편의를 제공하기 위해서 자체적으로 비행기를 운영하고 있었다. 이 제도의 최대 장점이라면 미국 내에서 이동할 경우에 회사 비행장을 통해서 검색대를 통과하지 않고 자유롭게 이동할 수 있다는 것이다. 비단 인텔뿐만 아니라 큰 규모의 기업들이 이와 같은 사내 복지 제도를 서로 흉내내고 있다.

이처럼 실리콘밸리에서 누군가를 모방한다는 것은 단순히 제도적인 모방을 넘어 그 제도에 깃들어 있는 기업 정신까지 모방하는 경우가 많다. 실리콘밸리의 선조격인 HP가 경제 위기에 대처하는 자세는 지금도 훈훈한 미담으로 전해 내려오고 있다. 그들은 1970년대 외부적으로는 오일 쇼크로 인해, 내부적으로는 자사의 부침으로 인해 일시적 후퇴의 시기를 맞이한 적이 있다. 이런 상황에서 대부분의 기업은 과감한 인원 삭감으로 재정적인 위기를 극복하려고 할 테지만, 당시 HP는 인원 감원 대신 전 직원의 노동시간을 10퍼센트 단축하기로 결정했다. 그 결과 자금난을 극복해 정상화 단계에 이를 수 있었다. 이와 더불어 HP가 전 직원에게 주식을 골고루 나누어주었던 일화는 지금까지도 실리콘밸리의 전설로 남아 있다. 이러한 미담을 바탕으로 실리콘밸리의 기업들은 위기관리 방법뿐만 아니라 직원을 가족처럼 생각하는 기업가 정신을 모방하고 있는 것이다.

정신의 모방은 외형의 흉내보다 한 단계 더 고차원적이다. 일반적으로 모방을 외적으로만 닮은 정도로 생각하지만 실리콘밸리에서 모방은 관념, 이념, 정신, 가치라고 생각하는 심층적인 수준의 유사성까지 포괄한다.

이처럼 실리콘밸리를 움직이는 거대한 원리를 세 가지 메커니즘으로 압축하자면 파괴, 모방, 창조라 할 수 있을 것이다. 즉 기존의 절대적인 관습이나 가치를 무너뜨리고, 그 파괴의 핵심을 각자의 방법으로 제대로 본뜨고 본받으며, 새로운 가치나 성과를 이룩하는 것이다. 이것이 글로벌 인재의 네 번째 마인드다.

　과연 그 시작은 어떻게 가능한 것일까? 우리는 어떻게 그 능력을 함양할 수 있을까? 시인 안도현 선생님께서 〈중국 고전 시학의 이해〉에서 '용사(用事)'라는 표현을 '모방'으로 바꾸어 전한 이야기를 그 방법으로 삼아도 좋을 듯하다.

　첫째, 모방을 위한 모방을 해서는 안 된다. 그렇게 하면 죽은 시체를 쌓아 놓는 일에 지나지 않는다.

　둘째, 억지로 모방을 해서는 안 된다. 누에가 뽕잎을 먹되 토해내는 것은 비단실이지 뽕잎이 아니다.

　셋째, 모방을 융화시켜 매끄럽게 해야 한다. 물속에 소금을 넣어 그 물을 마셔봐야 비로소 짠맛을 알게 되는 것 같은 상태가 되어야 한다.

한 사람의 꿈도
소중히 생각한다

김연아가 2010년 벤쿠버 동계 올림픽에서 금메달을 따는 쾌거를 이룬 후 국내 피겨 팬들은 제2의 김연아를 상상하지 않았다. 척박한 한국 빙상계 풍토에서 또 다시 김연아와 같은 입지전적의 선수를 기대한다는 건 현실적으로 무리였기 때문이다. 선수 양성을 위한 제도와 훈련 프로그램이 전무한 상태에서 어떻게 제2의 김연아를 기대할 수 있겠는가. 단언컨대 신이 내린 선수가 태어나지 않는 이상 이변은 없을 것으로 보인다.

김연아 선수를 예로 들어 안정적인 성공에는 지속적인 투자가 필요하다고 말하고 싶다. 실리콘밸리에 있는 굴지의 대기업들이 인재 양성에 공을 들이고 있는 이유는 안정적인 인재 공급의 토대를 마련하기 위해서이다. 그들은 좋은 인력을 공급받기 위해 교육계, 지역 사회, 그리고 기업계가 공생하는 모델을 만들어나가고 있다.

대표적인 예가 앞서 이야기했던 스탠퍼드 대학교이다. 설립자의 이념에 따라 세상에 이로운 일을 할 수 있는 인재를 길러내기로 유명한 이곳은 HP의 두 창업자인 데이비드 패커드와 빌 휴렛뿐만 아니라 구글의 두 창업자인 래리 페이지와 세르게이 브린을 배출한 곳으로도 널리 알려져 있다. 지금도 스탠퍼드의 강의실에는 실제 창업을 해봤거나 실무 경험이 있는 교수진들이 강의를 하고 있다. 이곳에서는 투자자들이 학부생들의 졸업 프로젝트 발표회를 보고 현장에서 바로 계약을 맺는 진풍경이 펼쳐지기도 한다.

대학과 기업의 공생 관계는 연구소를 주축으로 이루어진다. 전통적인 예로는 스탠퍼드 대학교 내 반도체 분야 연구소들, 캘리포니아 주립대 부설 기관인 로스 알라모스 연구소, 로렌스 리버모아 연구소 등이 있다. 이처럼 실리콘밸리는 산학협력의 이상적인 모델을 현실로 최적화시킨 곳이다. 특히 이 대학과 기업의 관계는 단순히 전략적 동반자 이상이다. 그들은 보이지는 않지만 끈끈한 정으로 이어져 있는 운명 공동체와 같다.

대표적으로 현직 경제계를 주름 잡는 창업자 및 기업가들이 교육계에 기부하는 문화가 있다. 스탠퍼드의 경우 동부의 아이비리그 대학들과 견주어도 남부럽지 않을 만큼의 재정을 확보하고 있다. 이는 동문들이 자발적으로 낸 기부금 덕분이다. 선배들이 후배를 위해서 기부한 돈은 학생들에게 양질의 교육, 우수한 교원의 확충, 연구 지원 및 장학제도의 혜택으로 돌아오고 있다. 이와 같은 도움의 손길 덕분에 실리콘밸리 내의 대학들이 현장에서 요구하는 인재들을 지속적으로 배출할 수 있는 것이다.

학교와 기업 간의 선순환 구조가 갖는 저력은 수치로도 정확하게 나타나고 있다. 우선 취업률에서 안정성을 보이고 있다. 구글은 매년 평균 5,000명 정도의 새로운 인력을 뽑는데, 이중 스탠퍼드 대학교에서 1,800명가량, 캘리포니아 대학교 버클리캠퍼스에서 1,600명가량, 카네기멜론 대학교에서 900명가량을 뽑는다. 수적으로 스탠퍼드 대학교가 구글 인력 충원의 핵심인 셈이다. 기부금 현황을 보면 더 놀랍다. 2010년 이후로 미국 고액 기부자 명단에서 실리콘밸리 출신의 기업가들의 이름이 오르내리기 시작했다. 페이스북의 마크 저커버그, 구글의 공동 창시자인 세르게이 브린과 래리 페이지가 빈곤 및 사회공헌에 이바지할 목적으로 기부금을 내놓고 있다. 또 2014년에는 현재 페이스북에서 일하고 있는 잔 코움이 왓츠앱을 매각하고 난 후 500만 달러를, 그리고 고프로(GoPro)의 창업자인 니콜라스 우드만(Nicholas Woodman)이 500만 달러를 실리콘밸리 지역 재단(Silicon Valley Community Foundation)에 기부해 화제를 불러 모은 바 있다. 이처럼 실리콘밸리의 성공한 기업가들은 자신들의 성장 발판이 되어주었던 지역 사회와 학교를 나 몰라라 하지 않고 계속해서 재정적인 지원과 애정 어린 관심을 보내고 있다.

마르지 않는 샘이란 없다. 모든 샘물은 하늘에서 비가 내려 끊임없이 충원되어야 한다. 스탠퍼드가 세계 일류의 대학이라고 해서 그것이 영원하리라는 법은 없다. 실리콘밸리가 현재 세계를 이끌어가는 기업들의 집합체라고 해서 그것이 영원하리라는 법도 없다. 현 시스템의 선순환구조는 교육, 지역, 기업이 서로 합심하여 지속가능한 모델을 만들려고 끊임없이 노력했기 때문에 가능했던 것이다. 보이지 않는 곳에서 서로를 밀어주고 당겨주는 그들이야말로 실리콘밸리의 진정한 주역이라고 할 수 있다.

글로벌 인재가 갖춰야 할 다섯 번째 마인드는 바로 '협업'이다. 실리콘밸리가 하나의 크러스트 형태를 취하고 있듯, 각 기업의 팀들 역시 협업이 활발하다. 팀 내에서도 예외는 아니다. 실리콘밸리에서 일하면서 절실하게 깨달았던 것 중 하나는 그것이 아무리 작은 일이라 할지라도 혼자 이룰 수 있는 일은 없다는 것이다.

나의 꿈을 이루려면 타인의 도움이 반드시 필요하다. 반대로 타인의 꿈을 응원하다 나의 꿈을 이룰 수도 있다. 개인의 꿈이 조직이 꿈이 될 수도 있고, 조직의 꿈이 나의 꿈이 될 수도 있다.

이는 이전 세기의 조직형 인재와는 사뭇 다른 개념이다. 예전에는 정해진 목표를 달성하기 위해 여러 능력들이 조합되는 방식으로서의 자질이 중요했다면, 현재에는 협업의 과정에서 새로운 가치가 생겨나고, 목표가 바뀔 수도 있는 보다 적극적인 방식의 자질이라 할 수 있다. 결과를 위한 과정이 아니라, 과정 속에 숨어 있는 놀라운 힘으로 만들어내는 새로운 가치로 일하는 패러다임이 바뀌고 있는 것이다.

세계적인 전자전기 기업 지멘스의 조 케저(Joe Kaeser) 회장 역시 국내의 한 포럼에서 "협업은 혁신의 새로운 공식이다"라고 설파했다. 동시에 "서로 주고받아야 하는 것이 많아 결코 쉽지 않은 일"이지만, '협업', '공유', '네트워크' 등이 디지딜 세계의 핵심가치임을 명심해야 한다고 강조했다.

실패 앞에
옹졸하지 않기

실리콘밸리는 유행의 흐름을 쫓는 패스트 팔로워(fast follower)보다 새로운 흐름을 만들어내는 퍼스트 무버를 지향하고 있다. 퍼스트 무버가 되는 지름길은 기존에 없던 아이디어와 제품의 출시이다. 물론 그게 말처럼 쉽지가 않다. 기술과 아이템이 좋다한들 그 가치를 알아봐주는 사람이 없거나, 세상이 그만한 그릇이 못된다면 모두 헛수고일 뿐이다. 새로운 것에 대한 발견은 열린 자세, 즉 포용과 관대함으로부터 나온다.

그들은 실패를 용인한다. 실리콘밸리는 위험 부담(risk taking)으로부터 이익을 창출한다. 현재에도 수많은 벤처 기업들이 우후죽순으로 생겨나고 그들 중 일부는 대박을 터뜨린다. 그리고 그 숫자보다 몇 곱절 많은 수의 벤처들이 망한다. 특이한 것은 벤처의 실패에 대해 창업주가 모든 경제적 책임을 지지 않는다는 점이다.

사실상 벤처는 개인 돈으로 출자하는 경우보다는 투자자들의 돈을 받아서 사업을 시작하는 경우가 많다. 투자자들은 사업 아이템의 적실성과 그것의 시장 가치를 따져보고 돈을 투자하는 순간 그 회사의 운명에 동참하게 된다. 투자 수입을 공동 분배하는 것처럼 책임 부담 또한 공동으로 지는 것이다. 이처럼 실패에 대한 부담을 줄여주는 환경으로 인해서 과감한 도전이 지속적으로 이루어지는 것이다.

실리콘밸리는 경험치를 높이 산다. 앞서 이야기했던 벤처에 대한 사회적 평가에 있어서 미국은 가시적 성과만을 보는 것이 아니라 벤처가 만들어지고 실패하는 과정 전반에도 관심을 갖는다. 특히 창업주는 회사를 세우고 그것을 관리하는 전 과정을 거쳤기 때문에 실무 감각, 현장 감각, 지도자로서의 자질을 두루 경험했다는 평가를 받는다. 만약 창업주가 실패를 했다면 그에 대한 반성적 성찰로부터 여러 가지를 배웠다고 판단하는 것이다.

이러한 사회적 풍토로 인해서 벤처 실패 이후에도 기업에 재취업하는 사례도 많다. 실패와 도전에 관대한 문화의 뿌리는 과거 서부 개척기 시절로 거슬러 올라갈 수도 있다. 다시 말해서, 실리콘밸리는 이미 문화적, 지리적, 역사적으로 도전정신, 개척정신, 모험정신을 구비하고 있었던 것이다. 따라서 그들에게 실패는 성공의 반대말이 아니라 도전과 동의어였던 것이다.

실리콘밸리는 다양성을 존중하는 도가니와 같다. 사전적으로 도가니는 금속을 용해하는 그릇을 가리킨다. 마찬가지로 실리콘밸리는 다양성을 받아들이면서도 그 각각의 이질적인 요소들을 녹여내 새로운 무언가를 만들어내는 주물공장과 같다. 우선, 그들은 인종적인 다양성,

계급적인 다양성, 젠더적인 다양성을 포용해 창의적인 혁신을 주조해내고 있다. 물론 아직까지 완벽한 단계는 아니다. 갖은 차별과 불평등도 존재한다. 직장인 비율에서 백인 남성의 비율이 여전히 높다. 하지만 인종적으로 유대인, 인도인, 중국인이 없는 실리콘밸리를 상상할 수 없으며, 여성의 리더십 역시 과소평가할 수 없다.

다양성에 대한 존중은 차별이 존재한다는 한계를 인정하고 그 벽을 제거하겠다는 의미를 포함한다. 외국인 노동자에 대한 국내의 시선과 실리콘밸리의 시선을 각각 생각해보자. 한국에서 외국인 노동자에 대한 대체적인 인상은 저임금 노동에 고강도 노동을 하는 사람들을 가리키지만 실리콘밸리에는 외국인 노동자를 고유의 지식과 문화적 경험을 가지고 있는 잠재적인 인재로 바라본다. 글로벌 경쟁력은 모든 노동력의 가치를 존중하고 그 각각이 가지고 있는 잠재력에 대한 객관적인 평가를 실천한다. 분명 실리콘밸리의 성장 동력에는 그 어떠한 문화적, 지리적, 인종적 경계에도 종속되지 않는 포용력이 지대한 역할을 하고 있다.

끝으로 실리콘밸리는 직원에게 아낌없이 베푼다. 이미 책 전반에 걸쳐서 실리콘밸리의 상당수 기업들이 직원들에게 막대한 혜택을 주고 있다는 사실에 대해서 이야기했다. 하지만 봉급, 승진, 그리고 각종 복지혜택이 전부가 아니다. 그들은 직원들의 말 한 마디 한 마디가 회사의 방향키 역할을 할 것으로 기대한다. 나비의 날갯짓이 태풍을 일으킬 수도 있듯 한 사람의 작은 아이디어가 시장의 판도 자체를 바꾸어 놓을 수도 있는 것이다.

사람은 사람의 꿈에 반한다

정리하자면 글로벌 인재가 갖춰야 할 여섯 번째 마인드는 '관용, 포용, 배려'다. 실리콘밸리의 퍼스트 무버들은 이러한 문화 속에서 태어난다고 할 수 있다. 그들은 실패에 관대하고, 다양성을 존중하며, 서로를 인간으로 대한다. 이것은 숨 가쁘게 누군가를 쫓는 바쁨이 아니라 앞서가는 여유 속에 자리 잡은 실리콘밸리 문화의 핵심이다.

공격하기를
두려워하지 말라

내가 겪었던 사람 중에는 리더십을 말하면서도 실제로는 팔로우십 (followship)을 강요하는 경우가 있었다. 리더는 그가 속한 집단의 거울 이자 얼굴이다. 조직의 형태가 다양한 만큼 리더의 유형도 각양각색이 다. 내가 말하고자 하는 리더는 유연한 조직에 걸맞은 사람이다. 다시 말해, 팔로우십을 끌어내는 사람이지 그것을 강요하는 사람과는 거리 가 멀다.

한 가지 상황을 상상해보자. 입사한 지 얼마 되지 않은 신입사원이 팀 프로젝트에서 임무를 하나 부여 받았다. 그런데 아무리 들여다봐도 자신의 전문성과 맞지 않는 일이라고 생각한 이 신입사원은 용기를 내 어서 선배에게 물었다. "선배님, 저는 제가 이 일을 왜 해야 하는지 도무 지 모르겠어요." 이때 선배의 대답이 "나 때는 그냥 시키는 대로 다 했 어" 정도라면 그 조직은 의사소통의 부재를 겪고 있을 가능성이 농후

하다.

　이때 후배가 원했던 건 선배로부터의 조언이다. 선배의 입장에서는 후배가 유연하게 적응하지 못한다고 생각할 수 있지만, 후배 입장에서는 업무에 스스로를 맞추고 그 분야에서 최상의 결과를 얻기 위해서 그 나름대로 고심한 끝에 질문을 한 것이다. 이 두 사람의 관계에서 일차적으로 필요한 것은 설득이다. 선배나 상사는 후배에게 일을 시킬 때, 이 일이 전체 프로젝트에서 어떤 위치를 차지하는지, 그리고 그 일을 맡은 후배의 전문성과 능력이 그 일과 부합하는 이유를 합리적으로 설명해 줄 수 있어야 한다. 일을 하는 사람이 전체로부터 고립되어 홀로 숯불을 굽는 심정으로 일을 하게 된다면, 그 조직 전체는 유기적으로 하나가 되지 못할 것이다.

　또한 이런 경우에서 가장 큰 문제는 리더가 팔로우십을 원하는 데 반해 팔로워는 리더십을 원하고 있다는 것이다. 즉 같은 자리에 누워 다른 생각을 하고 있는 것으로, 한쪽에서는 끌어주기를 바라고 다른 쪽에서는 따라오기만을 바라고 있다. 리더십과 팔로우십을 각자 오해함으로써 빚어지는 이 촌극은 코드가 달라 의사소통이 불가능한 상황이라고 해석할 수 있다.

　언어는 사회적 약속이다. 우리가 빨간불에 멈추고 파란불에 지나가자는 약속을 했기 때문에 교통신호가 지켜질 수 있는 것이다. 만약 한 사람이 그 약속을 어기게 된다면 약속은 파기되고 질서는 깨지면서 혼란이 찾아올 것이 불을 보듯 뻔하다. 회사에서도 의사소통 또한 상하 간에 서로 동등한 언어적 코드에 기반한다. 그것은 대체적으로 그 조직 내에서 중시하는 가치에 따라서 결정되는 경우가 많다.

물론 혹자는 의사소통의 문제를 단순히 세대 차이라고 말할 수도 있을 것이다. 특히 한국의 많은 회사에서는 세대 차이가 사내 조직 문화의 갈등의 불씨가 된다고 보고 있다. 의사소통의 능력, 더 나아가 업무 수행 방식을 나이라는 변수에만 종속시켜선 안 된다. 나이를 중심에 둔 이분법적인 사고에 따른다면 기성세대는 권위적이고 보수적인 문화에 젖어 있는 반면, 젊은 세대는 합리적인 사고방식을 갖고 있다고 쉽게 생각할 수 있다. 이는 문제의 원인을 추상적으로 파악할 뿐 문제 해결을 위한 성찰과는 무관한 사고이다. 또 젊은 세대가 머지않아 기성세대가 될 것이라는 시간성에 대한 고찰도 빠져 있다. 다시 말해, "이 일을 왜 해야 하는지 도무지 모르겠어요"라고 물었던 신입사원도 선배의 위치에 오르게 되면 후배에게 똑같이 말하게 되리라는 사실을 간과한 진단인 것이다.

조직 내 의사소통의 문제를 해결하기 위해서는 구조와 시스템을 들여다보아야 한다. 업무 관리가 투명하지 않고 불합리한 회사일수록 상하간의 커뮤니케이션 자체도 일방향적이고 강제적일 가능성이 크다. 반면 업무가 투명하고 합리적인 조직일수록 커뮤니케이션 구조는 상호 간의 대화에 기초하는 경우가 많다. 조직의 특성에 대한 진단과 그에 따른 올바른 커뮤니케이션 모델의 성립은 조직의 의사소통 성격을 결정짓는 토대로 작용한다. 혈관이 막히면 심장이 멎을 수 있듯이 원활하지 않은 사내 대화는 회사 운영의 흐름을 방해하는 가장 큰 장애물 중 하나인 것이다.

사람은 사람의 꿈에 반한다

실리콘밸리로부터 배워야 할 의사소통의 기술 중 가장 중요한 것은 바로 토론의 테크닉이다. 그들은 모르는 게 있으면 묻는다. 면접에서 면접관에게 질문하는 것을 누구도 이상하게 생각하지 않으며, 직장에서 멘토나 상사에게 질문하는 것도 일상으로 여긴다. 한편 직장 생활에서 토론은 상대를 제압하는 아주 적극적인 의사소통의 형태를 보일 때도 있다. 결코 두려워하지 말라! 특히 누군가의 주장이 불합리하다고 생각하면서도 토론이 두려워 하거나 말하기가 쑥스러워 방관한다면, 그 침묵에 대한 책임마저도 지우는 곳이 실리콘밸리이다. 성장하는 회사일수록 수많은 인재들이 서로 머리를 맞대고 치열하게 고민해서 결과물을 만들어낸다.

몇 해 전 카이스트의 총장을 역임했던 세계적 물리학자 로버트 러플린은 "한국 학생들의 문제점은 '잔혹할 정도로 공격적'이지 못하다는 것이다. 과학의 세계에서는 거칠게 뒹구는 근성이 필요하다"라고 지적했다. 이는 곧 소통의 문제로 읽히기도 한다. 의사소통 과정은 평등하고 민주적이며, 합리적이어야 하겠지만, 그 단서들이 책임 회피의 도구로 사용되어서는 곤란하다. 러플린 박사가 한국 청년들에게 아쉽다고 말한 '타고난 공격성(killer instinct)', 즉 '킬러 본능'은 글로벌 인재의 중요한 자질이다.

땅만 보고 걸어서는
무지개를 찾을 수 없다

현재 인텔에서 수석 엔지니어로 근무하고 있는 임명진 씨와 나는 두 가지 공통점을 갖고 있다. 그중 하나는 우리 둘 다 인텔에서 근무한 이력이 있다는 것이고, 다른 하나는 같은 대학에서 박사 학위를 받았다는 점이다. 특히 그와 나는 재학 시절에 공동으로 여러 편의 논문을 집필할 정도로 가까운 사이였다. 비록 미국에 와서는 자주 만나지 못했지만 서로의 안부를 묻는 것만으로 외로운 이국 생활을 버텨나가는 데 큰 위안이 되었다.

그는 미국에 먼저 정착한 후 취업을 했다. 보통 한국에서 미국으로 취업하는 경우는 크게 두 가지 부류로 나눌 수 있다. 한국에서 지원서를 내고 곧바로 미국 기업에 취업하는 경우도 있지만 미국에서 학력이나 경력을 쌓고 취업하는 경우도 있다. 임명진 씨의 경우는 후자 쪽이었는데, 그는 한국에서 박사 과정을 마치고 벤처 기업에 참여한 후 미국에서 박사 후 연수(post doc)를 거쳐 인텔에 입사했다.

박사 과정 중에 학내는 물론 학계에서도 인정받는 엔지니어였던 그에게도 한 번의 큰 시련이 찾아왔다. 학교 선후배들은 대기업이나 연구소로 진출한 데 반해, 박사과정을 마친 그는 특이하게도 벤처 기업에 도전했다. 3M 본사에서 그가 개발하고 있던 아이템에 관심을 보였고, 결국 회사에서 임명진 씨에게 먼저 인터뷰를 제안했다. 그것도 부부동반으로 미국에 올 수 있게끔 초청을 하면서까지 말이다. 그런데 결과는 좋지 않았다. 이 일을 계기로 임명진 씨는 자신이 아직 미국 대기업에 취직하기에는 인터뷰 기술, 영어 표현력, 협상의 기술 등에서 부족한 점이 많다는 자기반성을 할 수 있었다고 한다.

한 번의 실패는 그를 더욱 단단하게 만들었다. 이미 박사 과정에서부터 미국 진출에 대한 꿈을 가지고 있던 그는 3M과의 인터뷰를 타산지석 삼아 미국에 정착해서 다양한 경험을 쌓기로 결심했다. 그리고 박사 과정 중에 방문학생으로 인연을 맺은 조지아텍 재료공학과 교수 연구실에서 박사 후 연수 과정을 밟았다. 2년간의 과정에서 그는 적지 않은 희생을 감수했다. 박사 후 연수 과정은 공학자로서의 길을 가는 데 있어서는 더할 나위 없이 좋은 기회이지만, 그 기간만큼 사회생활이 연기된다는 단점이 있었다. 그런 부분들이 당시 한 집안의 가장이었던 임명진 씨에게는 큰 부담이 아닐 수 없었다.

그런데 이 기간 동안 그에게는 남들이 쉽게 거머쥘 수 없는 두 가지 행운이 동시에 찾아왔다. 우선 첫 번째는 젊은 연구자상 수상이었다. 당시 그가 몸담고 있던 국제전기 및 전자공학회(IEEE) 산하 부품 및 패키기 제조 기술 분과(Component, Packaging and Manufacturing Technology) 분야에서는 매년 35세 미만의 젊은 연구자를 선정하는데, 당시 그는 한국인 최초로 이 분야의 수상자가 되었다.

두 번째 행운은 영주권 발급이었다. 연구자로서의 빼어난 실적을 쌓고도 내심 그는 학계에 남기보다는 취직을 하고 싶다는 꿈을 갖고 있었다. 하지만 가장 큰 문제는 비자였다. 그는 전략적으로 중국인들이 자주 찾는 이민 변호사 사무실을 찾아가 영주권 발급 문제를 상담했고, 반신반의하는 심정으로 신청서를 제출했다. 그런데 기적처럼 2달 만에 영주권이 발급되었다. 임명진 씨의 일을 도왔던 변호사의 말에 따르면 당시까지만 해도 최단기간에 영주권이 발급된 것이라고 한다. 후일담이지만 임명진 씨가 평소 착실히 쌓아왔던 연구실적과 더불어 그가 박사 후 연수 과정을 밟으면서 받은 젊은 공학자상이 영주권 심사 과정에서 후한 점수를 받게 된 결정적인 요인이었다고 한다.

이후 인텔 애리조나 주 사이트에서 시니어 엔지니어로서 첫 경력을 쌓기 시작한 그는 이후 3년 동안 파란만장한 이력을 쌓아 나갔다. 그가 몸담았던 반도체 메모리 분야는 사업 변화가 빠른 만큼 기업들 간의 경쟁이 치열한 곳이다. 당시 명진 씨가 속해 있던 부서는 그가 입사한 지 6개월 만에 인텔로부터 독립한 후 다른 회사와 합병하여 뉴모닉스라는 신생 벤처가 되었고, 이 회사는 다시 2년 후 마이크론에 인수되었다. 즉 3년간에 걸쳐 명진 씨의 소속은 인텔, 뉴모닉스, 마이크론으로 세 번이나 바뀌게 된 것이다. 비록 이름만 바뀌었을 뿐 임명진 씨는 시작을 함께 했던 동료들과 같은 사무실에서 계속 일을 하면서 업계의 생태가 빠

사람은 사람의 꿈에 반한다

르게 변화하고 있다는 것을 몸으로 배우게 되었다.

이후 그는 시장의 생태에 보다 더 유연하게 적응하는 법을 배워나갔다. 그는 총 세 번의 이직을 거쳐 자신의 출발점이자 고향이었던 인텔로 돌아온다. 우선 마이크론을 떠나 당시 AMD로부터 독립한 글로벌파운드리라는 신생 회사로 이직을 했다. 이 당시에 임명진 씨는 이미 다년간에 걸쳐 여러 회사를 경험한 덕분에 반도체 산업 전체 로드맵을 구상할 수 있는 역량을 갖추고 있었다. 그런 그를 탐내는 회사도 많았다. 가장 먼저 브로드컴에서 그에게 손을 내밀었고 임명진 씨는 그 제안을 수락했다. 이후 인텔 본사에 있는 인텔 연구소에서 다시 그에게 손을 내밀었을 때 그는 고향에 돌아온다는 생각으로 다시 그 제안을 받아들였다.

임명진 씨는 분명 행운의 사나이이지만, 그 행운을 받을 자격이 충분할 만큼의 거친 풍파를 겪었던 사람이기도 하다. 마치 태풍이 몰아쳐도 평정을 지키면서 닻을 올리고 노를 젓는 큰 배의 선원처럼 그는 주변 환경의 변화에도 크게 동요되지 않고 묵묵히 자기 길을 걸으면서 스스로가 원석임을 증명해냈다. 그 긴 시간을 이겨낸 덕에 그는 지금 반도체 메모리와 비반도체 메모리 분야를 통합해낼 수 있는 몇 안 되는 엔지니어로서 그 가치를 인정받고 있다.

천사는 어떻게
날 수 있을까?

네트워크 통신회사인 시스코 시스템스(Cisco Systems)에 근무하는 백승용 씨는 작은 회사에서 실리콘밸리 생활을 시작했다. 그에게 해외 취업 준비생들을 위한 당부의 말을 부탁한 적이 있다. 평소 말 한마디를 해도 조심스럽게 하는 그가 어쩐 일인지 단호한 말투로 실리콘밸리에 대한 환상을 경계해야 한다고 일러주었다. 이를테면 목표 없는 막연한 도전은 무모하다거나, 대기업이 목표가 되어서는 안 된다거나, 한국인이 많은 회사를 피하라는 것 등이다.

그중에서도 대기업을 목표로 하지 말라는 그의 말은 경험에서 우러나온 것임에 틀림없어 보였다. 미국 대기업들은 현지인에게는 후한 반면, 비자 문제를 해결해주기 까다로운 해외 취업자들에게는 박하다. 반면 중견 기업이나 벤처 기업들은 미국 내 인력 확보에 어려움을 겪기 때문에 해외 인재 유치에 상당한 관심을 갖고 있다. 게다가 이러한 진입장

벽이 낮다는 장점 외에도 회사 차원에서 비자 문제를 해결해주기 때문에 충분히 노려볼 만하다는 것이 그의 지론이다.

한국 사람들은 유독 대기업에 대한 집착이 심하다. 기업 평가에 있어서 내실보다는 브랜드 가치를 우위에 두다보니 자연스럽게 중소기업을 기피하는 현상이 벌어지는 것이다. 물론 미국이라고 해서 대기업에 대한 환상이나 편애가 없는 것은 아니지만, 조직 문화나 직원들에 대한 처우는 대기업과 중견 기업 간에 큰 차이가 없다고 볼 수 있다.

해외 취업 경쟁도 갈수록 치열해지고 있기 때문에 중견 기업에 취직한 후 대기업으로 이직하는 것이 실현 가능성이 높은 해외 취업전략이다. 실제로 미국은 이직 시장이 개방적이기 때문에 보통 2~3년 근무한 이후로는 본인 의사에 따라서 자유롭게 이직할 수 있다. 보통 이직은 다른 회사로부터 먼저 제안이 오는 경우가 있는가 하면, 반대로 이직을 원하는 사람이 직접 자신이 원하는 회사와 접촉을 시도하는 경우도 있다. 물론 연봉 협상 과정에서 제안을 받는 편이 더 유리하다는 건 이직 시에 고려해야 할 사항 중 하나이다.

한편 브로드컴(Broadcom, Corp)에서 근무하는 김남훈 씨는 이직을 경력 쌓기라고 표현했다. 그는 2000년대 초반 실리콘밸리의 한 중견회사에 취업했다. 그가 처음부터 이직을 염두에 두고 회사 생활을 했던 것은 아니다. 오히려 지금도 첫 직장에 대한 향수를 가지고 있다. 미국에 처음 도착한 날 그를 맞이하기 위해 회사에서 공항으로 리무진을 보내준 것을 지금도 잊지 못할 정도라고 한다. 그는 자신의 첫 직장이 가족 같은 분위기여서 좋았으며 또 그 회사는 개인의 자율성을 보장해주기 때문에 자기처럼 개인 연구에 몰두할 수 있었다고 이야기한다.

그가 이직 시장에 뛰어든 건 도전을 즐기는 그의 개인적인 성향 때문이었다. 그는 남들이 불을 보듯 실패가 훤하다는 이유로 기피하는 일에 더 관심을 갖는 편이었다. 실패 확률이 높은 프로젝트는 단기적으로 회사 실익에 도움이 되지 않을뿐더러 심할 경우에는 회사에 손실을 줄 수도 있다. 그럼에도 그는 불가능을 가능으로 바꾸어 놓을 때 회사에 예기치 않은 이득을 줄 거라 생각했고, 남들이 "NO"라고 말하는 프로젝트를 기어코 성사시키기 위해 끊임없이 도전했다.

그가 끈기와 인내로 일구어낸 결실들은 고스란히 그의 실적과 경력으로 연결되었고, 그 결과 인력 시장에서 그의 경쟁력은 가파르게 상승했다. 입사 5년 차에 영주권을 획득한 후 그는 본격적으로 이직 시장에 뛰어들었다. 그에게 이직이란 무슨 의미냐고 물었더니 "한 직장에서 계속 같은 일만 하는 건 매우 답답한 일이다. 나는 늘 새로운 일, 새로운 동료, 그리고 새로운 환경에서 새로운 도전을 하고 싶어 했다"라고 대답했다. 작은 회사에서 큰 회사로 옮기면서도 그가 기대했던 것은 일에 대한 열정이었다. 천사가 날 수 있는 이유는 자신을 가볍게 여기기 때문이다. 회사를 좇는 자에게는 일이 따라오겠지만, 일을 좇는 자에게는 회사가 제 발로 찾아온다.

햄버거 하나면
충분하다

미국으로 떠나기 전 모교 은사님으로부터 두 가지 조언을 받았다. 첫째, 햄버거 사주는 걸 아까워 말라. 둘째, 가끔은 공격적이어도 괜찮다. 지금도 종종 미국 현지에서 본인의 잠재력을 백분 발휘하지 못하는 후배들을 보면 은사님의 말씀이 떠오른다.

햄버거를 사주라는 말의 진의는 서구의 합리적 조직 문화의 빈틈을 전략적으로 공략하라는 것이다. 익히 알려진 바대로 미국은 합리적이고 계산적이며 자기중심적인 문화가 지배적이다. 쉬운 예로 식당에서 함께 밥을 먹어도 자기가 먹은 만큼만 돈을 낸다. 반대로 한국은 대체로 집단 내 구성원들 간에 공동체 의식이 강하며, 그러한 관념은 식사 후에 누군가가 일괄적으로 값을 치루는 것을 미덕으로 삼는 모습에서도 나타난다.

서구식 합리주의와 동양식 인정주의의 만남은 당사자들의 노력에 따라 뜻밖의 좋은 결과로 이어지기도 한다. 한 번은 러스(Russ)라는 전문기술자와 업무상에서 갈등을 빚은 적이 있다. 그는 20년 넘게 측정만 담당해왔던 터라 자신의 업무에 자부심이 강했다. 그에게 측정을 요청하는 대기자 명단은 항상 가득 차 있어 데이터를 넘기면 길게는 일주일, 짧아도 사나흘 이상의 시간이 걸렸다. 하지만 한국 대학원 과정 내내 측정, 모델링, 시뮬레이션 등을 모두 경험해본 나로서는 그러한 기다림을 용납할 수 없었다. 왜 세 시간이면 끝날 일이 사흘이나 걸리는지 조목조목 따지던 끝에 결국 실험실에 내려가 직접 측정을 해버리는 사고를 치고 말았다.

나의 돌발행동은 회사 내에서 잡음을 일으켰다. 나와 갈등을 빚은 러스는 자기 고유의 업무 권한을 침해받았다는 모멸감과 함께 경쟁 구도에서 밀릴 수도 있다는 위기감을 느끼고 있었다. 급기야 매니저가 나를 호출해 귀중한 시간을 측정에 쓰지 말고 설계에 쓰라고 당부할 정도였다. 그동안 나는 서구의 조직 문화에서도 관료적인 절차를 중시한다는 것과 이곳이 한국보다 경쟁 구도가 덜하지 않다는 것을 간과했던 것이다. 또한 노동의 효율성을 중시하는 테일러주의(Taylorism)와 대량생산을 위한 분업체계를 중시하는 포드주의(Fordism)가 꽃핀 곳이 미국이었음을 잠시 망각하고 있었다. 때때로 공격적이어도 된다는 은사님의 조언은 분명 수동적인 자세를 극복하라는 가르침이었다. 나는 그 말을 문자 그대로 해석하면서 내 주변의 사람들과 그들의 문화를 이해하려는 기본적인 노력을 하지 않았던 것이다.

문제점을 인식하고 나자 보다 더 유연하게 직장 생활을 할 수 있었다. 그리고 한국식 인정주의와 서구식 개인주의를 접목해 새로운 조직 문화를 만들어보자는 생각이 들었다. 작은 일부터 시작했다. 동료들과 점심 식사를 하거나 커피를 마실 때 가급적 계산은 내가 했다. 대부분의 동료들이 부담스러워했지만, 누군가가 전체를 위해 호의를 베풀면 자연스레 그 모임이 더 끈끈해진다는 걸 차츰 이해하는 것 같았다. 나중에는 미국인들조차도 동양식 베풂의 문화와 그걸 몸소 보여주는 나의 태도에 전염되는 듯했다.

나와 갈등을 빚었던 러스와는 업무 파트너로 발전할 수 있었다. 단순히 데이터를 전달하고 측정 결과를 받는 사무적인 관계에서 벗어나 모든 과정에서 함께 머리를 맞대고 해결하는 파트너로 거듭나기 위해 노력했다. 우리는 함께 논문도 쓰고, 발표도 하고, 특허를 등록하는 사이가 되었고, 그 덕에 서로의 장점을 교환하고 결합해 누구도 예상 못했던 시너지 효과를 빚어낼 수 있었다.

그렇게 입사 후 2년여의 시간이 흘렀을 때, 그들이 리더로서의 나의 자질을 높이 평가해주는 분위기를 감지할 수 있었다. 회사 구성원들 간의 보이지 않는 벽을 허물려고 노력한 나의 노력을 인정해준 것이다. 특히 엔지니어들은 기술적으로 각자 전문 분야를 가지고 있기 때문에, 개개인이 서로의 능력과 자질을 공유할 때 현 시대가 요구하는 테크놀로지의 융합을 선도해나갈 수 있다. 이후 나는 사내에서 테크니컬 리더를 거쳐 만 35세가 되던 2006년, 수석 매니저 자리에 오를 수 있었다. 돌이켜보면, 햄버거를 사주라던 은사님의 말씀은 곧 인정을 중심으로 동료들 간에 공조와 협력의 장을 만들어가라는 가르침이었던 것이다.

더 큰 꿈을 조직하는
글로벌 리더의 10가지 조건

PART 04

융합하고 지휘하는
올라운드 플레이어

실리콘밸리의 전문가로 성장하기 위해서는 선택과 집중이 필요하다. 과거 르네상스를 이끌었던 지식인들이 과학, 수학, 철학, 의학, 종교, 예술 등 전 분야에 해박했다고 해서, 오늘날 실리콘밸리의 IT 산업에 종사하는 엔지니어들도 클라우드, 모바일, 소셜 네트워크, 사물 인터넷, 빅데이터 등에 두루 능하다고 생각해서는 안 된다. 시대마다 전문가의 모습은 제각각이다. 실제 실리콘밸리의 기업 문화는 특화된 영역의 인재를 선호하는 편이다.

애플은 철저하게 분업화된 생산 방식 속에서 다양한 전문가들을 배출해내기로 유명하다. 그들은 디자이너, 엔지니어 등에게 자신이 속해 있는 세부 분야에서 최고가 되라고 주문한다. 시계 공장에 비유하자면, 외관을 디자인하는 전문가, 시침을 만드는 전문가, 분침을 만드는 전문가가 각각 있는 식이다. 그리고 무엇보다 애플에는 각 분야의 고수들이 만들어낸 창의력을 인문학적 상상력을 통해 하나로 이어주는 스티브 잡스라는 인물이 있었다. 리더의 상상력이 고갈될 경우 각각의 전문성들은 물과 기름처럼 서로 섞이질 못할 것이다. 따라서 앞으로 지식 산업의 관건은 개별 분야의 독립이 아니라 개별 분야들 간의 조화를 어떻게 달성하느냐에 달려 있다.

내가 몸담았던 인텔의 경우, 여러 지식과 기술을 교차시킬 수 있는 산업 인력 양산을 위해 T형 전문가를 추구해왔다. T는 생김새 그대로 수직선과 수평선이 만나는 건축적 형태를 이루고 있다. 이때의 수직선은 세분화된 영역의 전문성을 의미하며, 그 위의 수평선은 타 분야에 대한 대략적인 지식과 이해의 정도를 가리킨다. 주니어에서 시니어로, 그리고 시니어에서 리더로 직급이 올라가면서 각 개인은 자신의 역할에 걸맞은 전문성을 습득해나가는 동시에 타 분야에 대한 이해도를 높여야 한다. 물론 장단점이 있다. T형 전문가는 경쟁 분야의 변화를 빠르게 파악할 수 있고, 다양한 분야와 협력을 시도할 수 있지만, 실질적으로 여러 기술을 융합해 독자적으로 제품을 생산해낼 역량이 부족하다는 단점이 있다.

실리콘밸리의 역동적 산업 변화에 주목하면서, 파이(π)형 전문가를 제안하고 싶다. 파이(π)는 그 생김새처럼 상하로 두 개의 선이 받치고 있고 그 위에 수평선이 있는 건축적 형태를 이루고 있다. 수직으로 내려가는 두 선은 각각 서로 다른 전문성을 의미하고, 상부의 수평선은 두 전문성을 이어주는 교각이라고 할 수 있다. 구체적으로 보자면, π형은 T형에서 전문성이 하나 더 추가된 형태이다. 즉, 한 분야의 전문가

사람은 사람의 꿈에 반한다

가 T형이라면, 그 상태에서 다른 분야의 지식을 습득하고, 기존의 전문성과 새로이 획득한 전문성을 융합하는 단계에 이른 사람이 π형 전문가인 것이다. 야구로 치면 치고, 던지고, 달리는 데 모두 능한 올라운드 플레이어의 자질과 함께 경기의 흐름을 읽어낼 수 있는 안목을 가진 선수를 가리킨다.

실리콘밸리를 이끌어갈 새로운 인재들은 국제적 수준의 복합적인 직무를 수행할 수 있어야 한다. 즉, π형 전문가는 단순히 한 분야의 이론적 지식이나 기술적 역량이 빼어날 뿐만 아니라, 여러 분야의 지식과 기술을 응용하고 조합하여 회사 차원에서 기술 전략 계발에 기여할 수 있는 사람이다. 이러한 사람들은 하드웨어와 소프트웨어의 동반 성장을 추구했던 실리콘밸리의 전통을 계승하는 동시에, 오늘날 각광 받고 있는 자동차 산업처럼 여러 분야의 고도화된 전문 지식을 융합할 수 있는 자들, 즉 남들이 갔던 길보다 남들이 가지 않은 길을 가는 퍼스트 무버인 것이다. 물론 전문가는 하루아침에 만들어지지 않는다. 그 여정에 대해서는 차근차근 이야기를 이어가고자 한다.

개인역량
계발계획 작성법

한국의 초등학생들은 보통 방학이 되면 일일 시간표를 만든다. 원을 24시간으로 분할한 하루의 계획표에는 일어나는 시간, 잠자는 시간을 제외하고는 대부분 공부나 학원이 자리한다. 그리고 여지없이 아이들은 그 계획을 지키지 못한다. 선생님에게 보여주기 위해 무리한 계획을 세웠기 때문이다. 어른들은 아이들에게 공부하라는 목표와 방향만 설정해줄 뿐, 정작 아이들의 재능과 관심사에 대해선 관심을 갖지 않는다. 계획은 눈높이에 맞아야 하고 그것을 실천하는 사람은 스스로를 돌아볼 수 있어야 한다.

실리콘밸리에 종사하는 대부분의 엔지니어들도 개인 역량 개발 계획(IDP: individual development plan)이라는 걸 설정한다. 모름지기 계획은 보여주기 위해서 만드는 것이 아니라 실제 업무에 적용하기 위한 것이다. 실리콘밸리에서는 연초에 매니저와 함께 계획을 수립하고 해당 매니저가 관리, 점검, 그리고 평가를 한다. 자기 계발 계획이라는 첫 단추가 잘못 꿰어지면 일 년치 프로젝트를 망칠 수도 있다. 때문에 자신의 몸에 꼭 맞는 일을 찾는 게 최우선이다. 이를 위해서 현재 회사 내 자신의 위치, 자신의 관심사와 전문 분야, 그리고 장기적인 프로젝트 수행을 위한 준비 사항들을 수시로 체크해야 한다. 소크라테스의 말을 빌리자면, 자기 계발 계획은 "너 자신을 알라"는 성찰로부터 시작한다.

계획을 세우고 나를 돌아보는 과정에서 크게 세 가지 사항을 생각해 보면 좋다. 첫 번째, 개인의 자질이다. 자신이 어떤 분야에 적합한 사람인지 그리고 그 분야에 대한 나의 객관적인 역량이 어느 정도인지를 가늠할 수 있을 때 업무 달성 확률이 높아진다.

두 번째, 개인의 열정이다. 한 분야에 대한 관심도가 높을수록 업무 효율성 및 업무 만족도가 높아진다.

세 번째, 회사 조직이다. 회사가 누군가를 뽑았다면 그가 회사를 위해서 어떠한 일을 해주기를 기대하는 바가 있을 것이다. 자질, 역량, 조직의 공통분모를 찾는다면 본인에게 어울리는 최상의 업무를 찾을 수 있다. 쉽게 말해 좋은 업무 계획이란 내가 잘 할 수 있고, 내가 좋아하고, 회사가 원하는 일을 목표로 설정하는 것이다.

나와 같은 부서에는 마리오라는 측정 기술자가 있었다. 그는 전문대학 졸업 후 회사에서 10여 년간 파워 측정을 전담해왔다. 연구원들로부터 작업 의뢰 받아 데이터를 전달하는 일을 했는데, 단순한 업무를 반복석으로 진행하면서 일 자체에 대한 흥미를 잃은 상태였다. 나는 마리오와 함께 개인역량 개발계획을 수립했다. 측정기술의 전문성을 더욱 높이기 위해 해야 할 일은 무엇인지, 어떻게 하면 열정을 가지고 일할 수 있을지, 회사에 공헌할 수 있는 방법은 무엇인지를 포함하여 본인의 강점을 더욱 개발하고 약점을 보완하는 실행계획을 세우기 위해 수차례의 면담을 통해 IDP 초안을 완성했다. 이후에는 분기별로 IDP 수행 과정과 중간 결과를 함께 점검하고 단기 목표 조정이나 진행상 보완이 필요한 부분을 재설정했는데, 이 단계의 많은 부분은 '전자회로에 대한 이해 심화'와 같은 항목을 '회로 이론 고급과정 수강을 통한 이해 심화'와 같이 구체화함으로써 풀어나갈 수 있었다. 또한 발표능력을 향상시키고 본인이 측정한 데이터는 분석하고 데이터처리 과정을 거친 후 직접 발표하도록 했다. 더욱이 측정분야 학회에 참석하여 전문가들과 교류하도록 장려했다. 그렇게 몇 년간 개인 역량 계발을 지속적으로 코칭했다. 그 후 나는 귀국하여 새로운 직장에서 일을 시작했고 2012년 디자인콘(DesignCon)이라는 저명한 학회에 참석했다가 마리오가 직접 본인의 논문을 발표하고 석박사 출신들의 전문가들과 기술적인 토론을 하는 모습을 보았다. 그가 성장한 모습을 보며 매니저로서 함께 일했던 순간의 보람과 함께 자기 계발 계획의 성과를 확인할 수 있는 순간이었다.

한편 직급별로 회사에 공헌하는 정도가 다르기 때문에 개인별 목표 설정의 방향이 달라져야 한다. 대체로 주니어 엔지니어들은 프로젝트를 전담하거나 팀을 이끌기에는 미숙한 단계에 있기 때문에 팀 전체에 의존하면서 일을 한다. 한편, 시니어 엔지니어들은 독자적으로 회사에 공헌하기에 주니어 엔지니어들보다는 독립적인 성격이 강하며, 연구나 프로젝트 추진에서도 자율성을 갖는다. 물론 이들 또한 매니저로부터 관리를 받으면서 일한다. 끝으로, 매니저 또는 리더들은 타인을 통해 회사에 기여를 한다. 이들은 주로 팀 전체나 그 팀에 속한 구성원들을 관리, 점검, 평가하는 역할을 맡는다. 이 각각의 단계에 대한 이해도는 프로젝트를 구상하고 그것을 수행하는 단계에서뿐만 아니라 장기적인 안목을 갖고 경력을 관리하는 데 있어서도 매우 중요한 부분이다.

더불어 목표 설정은 현실과 이상을 두루 고려한 결과라야 한다. 과제 및 프로젝트 설정 자체는 늘 매니저와의 상의 후에 이루어지기 때문에 직원들은 적극적으로 개인의 의사를 표현할 필요가 있다. 예를 들어 자신의 능력치에는 문제가 없지만 개인적인 관심이 덜한 과제가 주어지는 경우라면, 추후에 매니저에게 자신의 관심사에 가까운 일을 할당해 줄 것을 요구할 수 있다. 반대로, 관심은 많지만 현재 능력치에서 수행하기 힘든 과제라면 일련의 교육 과정을 요구해볼 수도 있다. 나의 경우에는 엔지니어로서 테크니컬한 일만을 주로 하다가 매니저로 승진할 시기를 앞두고 회사의 배려로 리더십과 프레젠테이션 기술에 관련된 강의를 들은 적이 있다. 자기 계발 계획의 성공적인 완수는 회사에 기여하는 결과를 낳지만, 그 출발점에는 항시 개인의 성장이라는 동기와 의지가 결부되어 있어야 한다. 나 자신을 알면 회사를 도울 수 있고, 나 자신이 성장하면 회사도 발전할 수 있다.

수평과 수직의
매트릭스

계획을 세웠다고 모든 일이 일사천리로 진행되는 것은 아니다. 실제 업무는 날씨처럼 변덕스럽다. 예상보다 일이 늦어지거나, 역량 미달로 과제 수행이 어렵거나, 시장 상황이 급변하거나 그 외에 건강, 육아, 결혼 등 개인 신상의 변화로 업무 수행에 차질이 생길 수 있다. 이럴 때일수록 혼자서 진땀을 빼느니 즉각 멘토에게 털어놓고 함께 해결책을 모색하는 게 상책이다.

인텔에서 수석 매니저로 일할 때, 하루에 다섯 번 정도 만나는 친구가 있었다. 가끔은 가족들보다 더 많은 시간을 함께하고 있다는 생각이 들 정도로 자주 만나고 많은 이야기를 나누었다. 그는 인도 출신의 매니저로 내가 관리하던 사람 중 한 명이었다. 이 매니저는 스스럼없이 내가 근무하는 곳으로 찾아와 자신의 팀 프로젝트에 대해서 설명하고, 자신이 내린 결정들에 대해 조언을 구했다. 나는 경험과 지식을 총동원해서 적극적으로 그를 도왔다. 지금도 그 친구는 정기적으로 이메일로 나의 안부를 묻거나 현재 자신의 소소한 고민을 털어놓곤 한다. 이 친구에 대한 기억이 인상적으로 남아 있는 건, 그가 나를 멘토로 생각해주었기 때문이다.

보통 직장 내에서 멘토라는 건, 사적인 관계와 공적인 관계에서 동시에 만들어진다. 전자는 직장 내 동료들 사이에서 개인적인 친분을 바탕으로 업무상에 도움을 주고받는 경우이다. 대개는 같은 직급 혹은 같은 분야에서 일하는 동료나 가까운 선후배 사이에서 이루어진다. 사적인 멘토들과는 정서적 유대 관계를 맺을 수도 있기 때문에 멘토의 존재만으로도 회사 생활에 활력이 생길 수 있다.

한편 후자의 공식적인 멘토는 실리콘밸리 회사들이 경영 시스템 속에서 조직적으로 운영하고 있는 경우이다. 예를 들어 하나의 프로젝트가 진행되면 그 팀의 구성원들은 두 종류의 매니저와 함께 일한다. 우선, 팀의 구성원들은 실무상에서 프로젝트 리더의 도움을 받는다. 이처럼 구성원과 리더가 대등한 관계에서 상호 협력하는 조직 문화를 수평 경영(horizontal management)이라고 한다. 한편, 인사상의 여러 문제들에 있어서 팀원들은 인적 자원을 관리하는 업무를 주로 하는 피플 매니저(people manager)로부터 관리를 받는다. 이러한 매니저는 회사 구성원들의 자기 계발 계획, 레벨 세팅, 과제 점검, 수행 평가, 그리고 승진 등과 같은 전 영역에 대해 결정적인 영향력을 발휘한다. 이와 같이 상하 관계 속에서 위계를 갖는 조직 문화를 수직 경영(vertical management)이라고 한다.

좋은 조직이란 멘토들이 수평적으로도 많고 수직적으로도 많은 곳이다. 이러한 조직은 수평 경영의 장점과 수직 경영의 장점을 잘 응용해 매트릭스 구조와 같은 유연한 조직 문화를 지향한다. 여기서 말하는 유연한 조직 문화란, 수직 경영에서 발생하는 상하 명령 중심의 관료적 경직성을 극복하고, 직원 개개인으로 하여금 창의적인 아이디어를 낼 수 있도록 회사 차원에서 발 벗고 나서서 돕는 구조를 말한다. 유연한 조직일수록 직원들이 비빌 언덕이 많다는 특징이 있다. 그들은 주변의 동료, 선배, 상사에게 자신의 고충을 털어놓을 수 있어 회사 생활에서 받는 스트레스를 쉬이 줄일 수 있고, 또한 스스로의 비전을 계발하는 과정에서 주변으로부터 실질적인 도움을 받는다.

실리콘밸리의 반도체 회사 중 하나인 브로드컴에는 인품이 좋기로 유명한 매니저 한 명이 있다. 한 번은 그가 아끼는 직원 중 하나가 집에서 사무실까지 통근하기 너무 힘들다는 이유로 회사를 그만두겠다고 말하자, 해당 직원의 집으로 찾아가 재택근무에 필요한 모든 장비를 다 설치해주었다고 한다. 그의 배려심은 보이지 않는 곳에서도 나타났다. 새로 들어온 엔지니어가 처리한 데이터를 1년 동안 아무도 모르게 자신이 처리한 데이터와 비교 대조해주었다는 일화도 있다. 이 전설적인 매니저의 일화는 멘토가 갖추어야 할 덕목이 배려와 신뢰라는 걸 일깨워주는 대표적인 예라고 할 수 있다.

이처럼 직장 생활의 만족도는 연봉과 같은 수치만이 아니라 개개인이 회사에서 느끼는 자부심이 중요하게 작동한다. 단기적으로는 좋은 연봉과 높은 직급이 나의 가치를 높여줄 것처럼 보이지만, 결국 직원 스스로가 자신의 직무에서 성장하고 있다는 느낌이나 그 스스로가 회사에 기여하고 있다는 느낌을 받지 못한다면, 직업에서의 소명의식을 갖지 못할 수 있다.

한 개인의 잠재력이 어떤 순간, 어떤 방식으로 구체화될지 아무도 예측할 수 없다. 실리콘밸리는 직원 개개인의 가능성을 보고 장기적인 투자를 하는 곳이며, 멘토들은 모두 그러한 성장을 견인하는 수레바퀴와도 같다. 결국 내가 누군가에게 중요한 사람이라는 걸 동료가 인정해주는 곳이 좋은 회사인 것이다.

식스 스텝과
7:3 법칙

모든 조직에는 리더가 있기 마련이다. 한 조직의 구성원과 리더의 관계는 양떼와 양치기에 비유할 수 있다. 보통 양들은 유순하고 겁이 많아 외부로부터의 위협을 방어하기 위해서 무리를 이루면서 살아가는 동물로 알려져 있다. 양치기는 양들이 무리에서 이탈하는 걸 미연에 방지하고, 혹시나 있을지도 모를 들짐승들의 공격으로부터 전체를 보호하는 일을 맡는다. 더불어 모든 양들이 배불리 먹을 수 있는 목초지를 찾아 무리 전체를 이끌고 가야 하는 막중한 임무를 수행하기도 한다.

양치기와 매니저의 공통점은 조직 구성원들을 보호, 관리, 통제하는 데 있다. 매니저는 조직의 분산된 힘을 비즈니스 목표 지점으로 응집시키는 일을 맡는다. 한 팀의 프로젝트를 맡거나 여러 팀을 관리하는 매니저는 자신이 담당하고 있는 팀원 개개인의 힘을 산발적으로 놓아두지 않고 하나로 결집시켜야 한다. 개개인의 성향이 다른 만큼 저마다 구상하는 목표도 다를 수 있다. 하나의 집단이 서로 다른 꿈을 꾼다면 같은 목표를 이룰 수 없다. 사공이 많으면 배가 산으로 가거나 제자리에서 맴돈다. 따라서, 매니저는 팀원들이 한 방향만 보고 다 같이 움직일 수 있는 분위기를 조성해야 한다.

방향 설정이 완료되면 구성원들에게 권한을 이임할 차례다. 양치기가 양들에게 고삐를 채우고 그들을 강제적으로 끌지 않듯이 매니저 또한 팀 전체에 자율성을 부여해야 한다. 이 단계에서 매니저는 구성원들에게 과제를 부여해서 그들이 스스로 움직일 수 있게 만드는 것이 급선무다. 이때 동기와 책임감을 부여해서 모든 구성원들이 소명의식을 갖고 일할 수 있도록 독려하는 것이 중요하다. 앞서 이야기했듯이 모든 일의 원동력은 자신이 조직 내에서 중요한 사람이라는 생각을 가질 수 있는 긍지와 자부심으로부터 나온다는 것을 명심하라.

구체적으로 보자면, 매니저가 조직을 관리하는 6단계의 절차가 있다. 보통 이를 식스 스텝(six steps)이라고 부른다. 계획-촉진-실행-모니터링(피드백)-평가-보상의 순서로 이루어진다. 하나의 프로젝트가 시작되면 매니저는 조직원들에게 목표지점이 무엇인지, 그리고 이 일을 왜 해야 하는지를 충분히 설명해준다. 이후 전체적으로 임무를 분배하고 구성원들이 각자의 역량에 맞는 일을 맡아서 실행에 옮기도록 한다. 일이 시작되면 수시로 구성원들의 상태를 점검하고 그들이 하고 있는 일이 제대로 진행되고 있는지 모니터링을 해야 한다. 특히 개선사항이 있으면 즉각적으로 조언을 해줘서 일에 차질을 주지 않도록 한다. 혹여나 '나 하나 때문에 전체가 피해를 보는 건 아닐까'하는 죄책감을 갖는다면, 그 사람은 한동안 수동적으로 일하게 될지도 모른다.

모니터링 단계에서 매니저는 구성원들과 잦은 미팅을 통해 그들의 고민거리를 들어주어야 한다. 미팅이 많을 때는 아침에 출근해서 퇴근할 때까지 계속되기도 하는데, 구성원들과의 미팅은 대부분 그들이 대면하고 있는 장애물을 제거하는 데 집중된다. 내 경험에 비추었을 때 이러한 미팅의 주 내용은 업무와 관련된 이야기가 70퍼센트이고 그 외 나머지는 사적인 이야기들인 경우가 많다. 회사에서 업무 외의 이야기를 나누는 것이 정상적인 것이냐고 반문할지도 모르지만, 사실상 모든 스트레스의 주범은 개인적인 고민인 경우가 많다. 누군가가 직장 동료와 마찰을 겪고 있다면 장기적으로 팀의 구성을 바꾸는 과감함도 보일수 있어야 한다. 또 여성들의 경우는 아이들에 대한 걱정과 남편에 대한 불만을 늘어놓는 경우가 많다. 어떤 여성 직원의 경우 아이들은 하루가 다르게 커가는데 남편은 아이들과 놀아주지도 않고 아이들의 교육에도 뒷전이라며 고민을 털어놓기도 했다. 이러한 사적인 고민은 직무 효율성을 떨어뜨리는 주범이 될 수 있기 때문에, 매니저는 직원들의 일과 생활의 균형을 잡아주기 위한 조치로 재택근무나 휴가를 권장해볼 수도 있다.

인텔에서 일할 당시 부서원들이 산타클라라, 피닉스, 폴섬에 흩어져 있어 한 달에 한두 번은 면담을 위해 직접 여행을 했다. 인도와 말레이시아 있는 부서원들과도 일 년에 두 차례 이상 직접 만나 어려운 점을 들어주고 해결책을 제시하여 주곤 했다. 한번은 폴섬에서 일하는 샤오밍이라는 박사 출신 경력자이자 보드 설계 엔지니어가 근심이 가득 찬

얼굴로 면담에 임했다. 이유인즉 부인이 알레르기로 고생하고 있어 다른 지역으로 옮겨야 할 상황이지만, 자신은 현재 부서와 업무에 만족하고 있어서 이직을 하고 싶지 않다는 것이었다. 면담 후 나는 그를 산타클라라 팀으로 옮기고 가족들이 국내 이주를 할 수 있도록 승인해주었다. 다행히 부인의 상태가 많이 호전되어 안정을 되찾자 샤오밍도 적극적으로 일하는 자세를 되찾고 이전보다 많은 성과를 내었다.

훌륭한 매니저는 직원들이 아무 근심 걱정 없이 일에만 매진할 수 있도록 곁에서 도와주는 사람이다. 시스코와 같은 회사의 경우에도 매니저들은 직원들이 가정생활과 직장생활을 병행하는 데 불편함이 없도록 각별히 주의를 기울이고 있다. 예를 들어 그들은 먼 거리를 이동해야 하는 직원들을 위해 오래전부터 재택근무를 허용하고 있으며, 그 결과 전 직원들이 가사와 육아에 고충을 덜 겪고 있다고 한다. 또한 이동 중에도 업무를 볼 수 있도록 회사 차원에서 무료 와이파이를 제공하거나 원격회의를 일상화하여 직원들이 모두 때와 장소를 가리지 않고 효율적으로 일할 수 있는 여건을 마련해주고 있다.

매니저들은 조직의 구성원들이 어떤 편의를 제공받으면 좋은지, 또 그들이 어떤 근무 환경에서 가장 최상의 업무 결과를 낼 수 있는지를 늘 살펴야 한다. 매니저는 그림자 같은 존재다. 그림자가 없는 사람을 상상할 수 없듯이 매니저가 없는 회사도 상상할 수 없는 것이다.

조직을 관리하고
기술을 연구하다

옛말에도 있듯이 한 몸에 두 지게를 짊어지지 못한다. 엔지니어들은 직장생활이 길어지면서 두 개의 선택지를 놓고 고민에 빠지게 된다. 시니어 엔지니어를 거쳐 리더급으로 성장하는 단계에서 엔지니어와 매니저의 커리어 중에서 양자택일을 해야 한다. 전자는 주로 기술적인 연구 및 개발에 집중하는 사람을 위한 길이고, 후자는 사람들을 관리해서 전체 조직을 이끌어가는 사람을 위한 길이다.

대부분의 엔지니어들은 자신이 고수해오던 길을 택한다. 엔지니어들은 대부분 반평생 이상을 하드웨어와 소프트웨어 개발을 위해 연구를 해온 경우가 태반이다. 그런 이들에게 어느 날 갑자기 연구 개발을 뒤로 하고 사내 조직을 관리하라고 한다면 진땀부터 날 것이다. 좋은 말로는 업무의 변화이지만 나쁜 말로는 기존에 자기가 해오던 연구를 포기하라는 말과 다름없기 때문이다.

일단은 안심해도 된다. 실리콘밸리는 각 회사마다 제도적으로 경력 선택을 위해 지원을 아끼지 않고 있다. 이곳에서는 회사들이 경력 관리 프로그램을 통해 직원들이 리더급으로 성장할 수 있도록 돕는다.

경력 관리 또한 매니저의 임무이다. 매니저는 직원들에게 계속해서 과제를 부여하고 그것을 관리하고 평가하면서 각 직원들이 정당한 보상과 승진의 기회를 얻을 수 있도록 돕는다. 한편, 매니저라는 새로운 경로를 선택한 엔지니어들을 위해 사내에서 운영되는 경영 수업을 지속적으로 들을 수 있도록 장려해주거나 전문가로부터 멘토링을 받을 수 있도록 해준다. 진로를 결정하는 최종 권한은 개인에게 있으므로 매니저는 각 직원들과 오랜 시간 동안 미팅을 갖고서 그들이 후회 없는 선택을 하게끔 배려해주어야 한다.

인텔, IBM, HP, 구글, 시스코 등 상당수의 실리콘밸리 회사들은 주기적인 미팅을 통해서 직원의 경력을 관리하고 있다. 매니저는 직원에게 엔지니어 경로로 갈지 매니저 경로로 갈지 묻는다. 이후 미팅이 반복되면서 본인에게 맞는 경로가 정해지면 그 방향으로 모든 역량이 집중될 수 있도록 분위기를 조성해준다. 특히 승진의 기회가 찾아오면 승진에 대한 자격을 갖추었는지, 스스로가 다음 단계로 나아갈 준비가 되었는지에 대해서 함께 고민하면서 그가 정당한 대우를 받을 수 있도록 철저하게 배려해준다.

구글의 경우에는 전 직원이 경영 감각을 익히도록 한다. 엔지니어들은 대체로 3단계에서부터 최종적으로 기술 전문 임원(Distinguished Engineer)이 되는 9단계까지 실무자로 남아서 연구와 기술 개발에 매진할 수 있다. 시니어급 이후가 되고 나면, 엔지니어들에게 선택권을 주어 진로를 바꿀 수 있도록 한다. 다만, 이분법적으로 진로를 구분 짓지 않고, 매니저가 되고서도 기술 개발에 적극 참여할 수 있도록 배려해주고 있다. 결국, 구글은 기술진과 경영진이 서로 분리되지 않은 상태에서 전 직원의 리더화를 이끌고 있는 회사인 것이다.

물론 제도적인 안정 장치가 있다고 해서 엔지니어들이 자신의 고향과 같은 연구실을 쉽게 잊을 수 있는 것은 아니다. 나 또한 고민의 시기를 보냈다. 본격적으로 경력 관리를 시작할 적에 매니저와 함께 주기적으로 미팅을 가졌다. 당시 매니저는 나에 대한 객관적인 평가를 내려주었다. 이를 테면, 너의 연구 업적은 결코 남들에 비해서 뒤처지지 않지만, 너의 평소 성격을 봤을 때는 사람들과 섞이길 좋아하므로 매니저 경로로 가는 것도 나쁘지 않다고 말했다. 다만, 그는 매니저로 성장하는 과정에는 한계가 올 수도 있다는 현실적인 조언도 빼놓지 않았다. 엔지니어 경로를 택해 테크니컬 리더가 되었을 때는 개인 업적에 따라서 보상과 승진이 상대적으로 빠르게 주어지지만, 매니저 경로를 택해 피플 매니저가 되었을 때는 조직의 변화가 요구되어 개인의 능력이나 성과만으로는 승진에 어려움이 있을 수 있다는 것이었다. 가혹하게도 최종 선택은 내 몫이었다.

당시 나 스스로를 돌아보는 시간을 가지면서 확고한 신념이 하나 생겼다. 내가 평상시에 선후배와 동료들과 함께 일하면서 눈에 보이지 않는 화학적 반응의 불꽃을 일으키고 있다는 걸 깨달았던 것이다. 그 이후로 엔지니어 경로로 갈지 매니저 경로로 갈지 고민하는 후배들을 만나

사람은 사람의 꿈에 반한다

면 다음과 같은 말을 해주고는 한다. 너를 버리지 않으면서도 과거에는 경험해보지 않은 새로운 길을 갈 수 있는 방법이 있다고.

나는 매니저 경로를 걸으면서 꾸준히 개인 연구를 병행했다. 솔직히 말하자면 주변 환경 상 연구를 손에서 놓을 수 없었다. 매니저는 자신에게 소속된 직원들, 즉 많은 엔지니어들을 위해 다양한 서비스를 제공해주면서 그들의 업무를 보조해주어야 한다. 이때 엔지니어들은 기술적인 부분에서 장애물과 맞닥뜨리고는 하는데, 그 부분에서 매니저나 멘토로서 실질적으로 도움이 되는 조언을 해줄 수 있어야 한다. 후배 엔지니어가 풀지 못한 난제를 들고 찾아왔을 적에 주말 내내 머리를 싸맨 끝에 그에게 적절한 대안을 제시해주었던 기억이 생생하다. 결국 매니저가 되고서도 기술적인 연구를 게을리할 수 없는 환경에 놓일 수밖에 없는 것이다. 세 살 버릇 여든까지 간다는 말처럼, 엔지니어의 천직은 공부하고 또 공부하는 것이다.

모든 매니저에 대한 신뢰는 일정 부분 그가 가지고 있는 기술적 리더십으로부터 나온다. 팀 전체의 방향을 제시할 때도 시장의 동향을 파악하거나, 같은 회사 내 다른 부서의 전략을 벤치마킹해 팀원들의 새로운 연구 분야를 개척해주기도 해야 한다. 혹은 앞으로 시장을 이끌어 갈 기술 분야를 먼저 발굴해 팀원들에게 제시해줄 수도 있어야 한다.

좀 더 쉬운 말로 하자면 기획자와 관리자의 구별이 점차 사라지고 있는 것이다. 기획을 놓는 순간, 즉 고유의 일을 놓는 순간, 관리 역시 힘들어진다. 그리고 반드시 명심해야 할 사항은 관리만을 위한 사람을 조직이 용납할 리가 없다는 것이다.

한 사람이 쓸 수 있는
절대적인 에너지는 정해져 있다

실리콘밸리에서 요구되는 덕목 중 하나는 흐름을 파악하는 것이다. 모든 회사는 매년 다양한 사업을 진행한다. 각각의 사업은 투자 회수율 (ROI)을 고려하여 우선순위를 매기고, 그 순위에 따라서 집중할 사업을 선택한다. 매니저 또한 자신이 담당하고 있는 조직을 내외부의 여러 여건을 고려하여 팀 전체가 집중할 단 하나의 우물을 정확하게 짚어줘야 한다.

집중 투자가 왜 중요한지에 대해서는 회사 차원에서 생각해볼 수 있다. 우선 장기적인 안목에서 투자하는 사업이 있다. 이는 대체로 시장의 공급과 수요가 안정적으로 이루어져 있어 회사의 브랜드 가치 창출과 직결되는 경우에 속한다. 인텔이 전통적으로 투자해온 PC 사업을 세분화해보면, 투자 대비 수익률 기준으로 데스크탑, 노트북, 서버 순으로 우선순위를 매길 수 있다. 사실상 데스크탑은 많이 팔려도 큰 수익이 없거나 때로는 브랜드 가치를 위해 손실을 감수하면서도 유지하는 분야에 가깝다. 반면 서버는 판매량에 비해 고수익을 창출하는 분야이기 때문에 회사 차원에서는 전략적으로 집중 투자를 한다.

시장을 선도하는 회사일수록 단기 프로젝트에 강하다. 구글은 시장의 변화에 가장 유연하게 대응하면서 카멜레온처럼 사내 구조를 변화시키는 장점을 갖고 있다. 그들은 새로운 제품 개발에 100명이 넘는 엔지니어들을 투입해 불철주야 일을 하다가도 시장의 동향이 바뀌면 즉각 방향을 전환한다. 그리고 전도유망한 사업을 미리 예측하고 그 부분을 전담할 최소 인력을 항상 기술사업부 내에 배치해두는 전략으로 시장 판도에 발 빠르게 대처하고 있다. 특히 자체적으로 사내 모든 코드베이스를 표준화해서 부서 간의 협업과 인력 교환에 제약을 없앴다. 구글은 변화에 준비된 자들이 시장의 혁신을 주도한다는 걸 몸소 실천하고 있는 것이다.

장기이든 단기이든 회사 차원에서 투자 분야를 정하면, 부서별로 프로젝트가 할당된다. 매니저는 분기별로 나누어 프로젝트를 수행하는 데 필요한 자본, 인력, 과제 등을 구체적으로 계산한다. 이 수학적인 산술 과정에서 놓치지 말아야 할 것은 인간이다. 자칫 일과 생활의 밸런스가 깨지면 예측하지 못한 곳에서 실수가 벌어질 수 있다. 팀에서 총력을 기울여 개발한 프로그램이 예상치 못한 버그를 일으켜 회사에 수억 원의 손실을 입는 경우도 종종 있다.

따라서 매니저는 언제 어떻게 돌출될지 모르는 사고를 방지하기 위해서라도 인력 관리에 신중을 기해야 한다. 대체적으로 두 가지 경우를 생각해볼 수 있다. 인력은 변동할 수 없는 상황인데 일이 많다고 판단된다면 개개인에게 돌아갈 과제를 최소화하는 전략을 짠다. 반대로 개개인의 과제를 줄일 수 없다면 인력 충원을 계획해야 한다. 이때에도 인력충원이 한시적으로 필요한 계약직인지, 장기적으로 필요한 정규직인지를 구체적으로 판단해야 한다.

인력 관리의 부실은 프로젝트 결과물의 질적인 저하로 이어진다. 쉬운 비유를 들어보자. 한 마차를 여러 말이 끌고 있다. 마음이 급한 주인은 말들을 가혹하게 채찍질하면서 속도를 높인다. 선두에서 앞만 보며 달리던 말이 하나 쓰러지고, 이어서 다른 말도 연거푸 쓰러지지만 주인은 아량을 베풀지 않는다. 급기야 모든 말이 죽고 마차는 달리고 싶어도 달리지 못하는 사태가 벌어진다. 마찬가지로 회사에서도 속도경쟁을 경계해야 한다. 직원을 인간이 아닌 기계로 취급하면서 질 좋은 제품 개발을 외친다는 것은 언어도단에 불과하다.

실리콘밸리의 불문율 중 하나는 과부하를 피하라는 것이다. 목표치가 상승했다면 그에 맞게끔 회사 차원에서 내부적인 투자 비율을 높여야 한다. 여기서 내부 투자란 사업의 성격에 맞추어 사내 구조를 유연하게 재편하는 대범함과 적절한 시기에 인력을 충원하여 노동 강도를 조절하는 유연함이다. 이처럼, 실리콘밸리는 회사가 그 스스로의 이윤 창출을 위해 내부에 적극적으로 투자하는 선순환 구조를 유지하기 위해 각별한 주의를 기울인다. 그들은 한 인간이 그리고 한 조직이 쓸 수 있는 절대적인 에너지는 정해져 있다는 걸 알고 있는 것이다.

사 람 은 사 람 의 꿈 에 반 한 다

나쁜 시나리오는 좋은 영화를 만들 수 없다

실리콘밸리 회사들은 내부적으로 순환과 반복의 구조를 갖고 있다. 그들은 자연이 특정한 주기로 순환과 반복을 거듭하듯 프로젝트를 중심으로 일을 시작하고 끝을 맺는다. 자연에 낮과 밤, 밀물과 썰물, 달이 기울고 차는 순환과 반복의 질서가 있는 것처럼 회사 내부에도 일련의 프로젝트들이 쉬지 않고 반복되면서 만들어내는 특유의 리듬이 있다.

관점에 따라 프로젝트의 반복은 부조리하고 지루하게 다가올 수도 있다. 시시포스가 형벌을 받아 무거운 바위를 계속해서 굴려야 했던 것처럼 강제성이 부과된 일은 그것을 수행하는 자에게는 권태롭기 그지 없다. 하지만 반복은 관점만 달리하면 즐거운 노동이 되기도 한다. 예를 들어 농부가 매년 씨를 뿌리고 수확을 할 때처럼 목표가 분명하고 일한 만큼의 보상이 주어지는 일에는 보람이 따르기 마련이다. 결국 강제성의 유무 그리고 목표 설정의 주체에 따라서 반복의 의미는 지옥과 천국 사이를 오가는 것이다.

프로젝트의 시작은 업무에서의 첫 걸음과 같다. 회사 차원에서 그리고 팀 차원에서 프로젝트가 결정되고 나면 본격적으로 임무 수행이 시작된다. 앞서 언급했듯이 거의 대부분의 프로젝트는 연 단위로 계획이 수립된다. 매니저는 양치기가 양들을 목초지로 이끌 듯 직원들에게 정확한 목표 지점을 알려주고, 각 직원에 대해 레벨을 평가하고, 그들에게 맞는 분야와 과제를 설정해준다. 회사에 따라서 별도의 과제 관리 부서가 있는 경우도 있지만, 대체로 과제 설정은 명령식으로 하달되는 것이 아니라 매니저와 직원들 간의 의사소통을 통해 최종 결정된다.

본격적으로 업무가 시작되면, 직원들은 자신에게 할당된 프로젝트나 과제를 중심으로 스스로의 목표를 설정하고 그것을 수행해나가는 전 과정을 능동적으로 관리해야 한다. 목표 관리(MBO, management by objectives)라고 부르는 이 과정은, 양치기가 풀이 많은 곳을 알려준 후 양들을 방목하는 것으로 생각하면 쉽다. 직원들은 자신에게 주어진 일 년치 목표가 무엇인지, 세부적으로는 어떠한 아이템을 개발해야 하는지를 구체적으로 설정해야 한다. 그리고 그 각각의 수행 과제들을 양적 수치로 환원해서 시간 배분을 어떻게 할 것인지, 어느 시점에 휴가를 쓸 것인지, 또한 마감일은 최종적으로 언제로 할 것인지를 결정한다. 목표 관리의 주체는 직원이고 권한도 직원에게 있다.

그럼에도 엄격한 목표 관리가 직원들을 구속하는 것처럼 보일 수도 있다. 실제로 수동적인 상태로 일에 빠져 있다 보면 왜 이 일을 하고 있는지를 망각해버리기도 한다. 그럴 때마다 스스로를 돌아보는 시간을 갖는 게 좋다. "내가 왜 이 일을 해야 하는가?"라는 물음에 스스로 답을 낼 수 없을 때는 멘토나 매니저에게 도움을 요청해야 한다. 인간이라면 누구나 긴 경주에서 중도포기하고 싶은 유혹을 받는다. 이때 매니저는 목표 방향으로부터 이탈한 직원에게 그 일의 명분을 깨달을 수 있도록 자극을 주어야 한다. 지루함과 보람의 차이는 각각의 일에 정확한 목표, 동기, 주인 의식의 유무에 달려 있다. 목표의 달성의 성취감은 러너스하이(runner's high), 즉 본인의 한계치를 넘어설 때 느끼는 만족감과도 비슷하다고 할 수 있다.

또한 업무 수행 전 과정이 평가 대상임을 명심할 필요가 있다. 매니저는 수시로 팀원들의 과제를 모니터링하여 피드백을 준다. 이 과정에서 매니저와 해당 직원의 커뮤니케이션이 절대적으로 중요하다. 매니저의 모니터링은 팀원의 과제 수행에 긍정적인 에너지를 불어 넣기 위한 극약처방과 같다. 다만, 모니터링은 감시와는 다르다. 감시는 권력자가 권력이 없는 사람을 수직적으로 통제하는 데 그 목적을 두고 있지만, 모니터링은 장점을 발견해서 자존감을 높여주고 단점을 발견해서 해당 직원이 잘못을 개선하는 데 목적을 두고 있다. 모니터를 통한 피드백이 이루어지면 직원들은 목표로부터 방향을 이탈하거나, 목표 기일을 맞추지 못하거나, 업무의 결과물이 질적으로 저하되는 일을 사전에 차단할 수 있다.

목표 관리는 좋은 영화의 시나리오와 같다. 좋은 시나리오가 좋은 영화라는 등식은 성립되기 힘들지만 나쁜 시나리오가 좋은 영화로 이어질 가능성은 낮다. 시나리오 안에는 완성될 영화에 대한 세세한 정보들이 구체적으로 묘사되어 있다. 탄탄한 목표 관리가 이루어진다면, 당신은 회사라는 무대를 배경으로 한 낭만적인 영화의 주인공이 될 수도 있을 것이다.

동료로부터
인정받는 직원을 키운다

누구나 살다 보면 두 가지 유형의 시험대 앞에 서게 된다. 우선 점수나 등급을 매기는 평가 유형이 있다. 이는 개인의 능력을 객관화한다는 취지로 한 인간의 개성을 박탈하거나 사람과 사람 사이에 위화감을 조성할 수도 있다는 단점이 있다. 또 다른 유형으로는 타인으로부터의 신뢰와 믿음에 기반한 평판이 있다. 이는 상대적으로 오랜 시간에 걸친 인간관계 내에서 형성되어 집단적인 인정을 낳는다. 평판은 개인 간의 단결과 협력을 조장하고 궁극적으로는 공동체를 더 단단하게 만들어준다는 이점이 있다.

얼핏 보면 실리콘밸리의 평가는 냉정해 보인다. 프로젝트를 수행하는 전 과정이 평가의 대상이고 그 결과는 곧 바로 봉급, 보너스, 승진 등의 보상으로 이어지기 때문에 인간을 돈으로 환산하는 것처럼 보인다. 그러나 실리콘밸리의 회사들은 표면적으로만 성과를 앞세울 뿐 실상은 인간중심주의적 철학을 가지고 한 사람에 대한 가치 평가를 우선 시한다.

대부분의 회사에서 운영하고 있는 평가 시스템은 업무 수행 과정 전반을 대상으로 한다. 업무 수행 평가는 상시적으로 이루어진다. 매니저가 직원 개개인에게 레벨 세팅, 멘토링, 모니터링, 피드백을 해주는 전과정도 평가의 일환이다. 즉 최종 평가가 이루어지기 전의 모든 과정은 직원의 능력 향상 및 문제점 개선에 초점을 맞추고 있기 때문에 이러한 평가 과정은 직원 개개인의 성장에 밑거름이 되는 긍정적인 기능을 한다. 평가의 취지는 크게 직원의 성장에 중심을 두거나 결과물이 창출하는 이익에 중심을 두는 것으로 구분할 수 있다. 실리콘밸리는 직원과 회사 모두가 윈윈할 수 있는 평가 시스템을 구축하고자 오랜 시간 노력해왔다.

평가의 중심은 단연 직원이다. 우선 직원들에게 스스로를 돌아볼 수 있는 기회를 제공한다. 매니저의 멘토링, 모니터링, 피드백을 통해서 직원들은 현재 나의 자질, 역량, 업무 진행 정도가 어느 지점에 와 있는지를 점검해볼 수 있다. 이를 통해 자연스럽게 타인의 눈에 비친 나의 모습을 들여다봄으로써 스스로를 성찰할 수 있는 기회를 얻는다. 다음으로 평가는 직원들이 자신의 미래가 어떨지 가늠해볼 수 있는 바로미터의 기능을 한다. 평가를 통해 나의 위치를 점검함으로써 스스로가 꿈꾸던 위치까지 얼마나 가까워졌는지 혹은 멀리 떨어져 있는지를 가늠해볼 수 있기 때문에 평가가 곧 개인 역량 개발을 위한 출발점이 되는 것이다. 끝으로, 평가는 타인으로부터 인정을 의미한다. 모든 인간은 인정

사람은 사람의 꿈에 반한다

받고자 하는 욕구를 가지고 있다. 피평가자는 타인으로부터의 긍정적인 평가를 받음으로써 칭찬, 격려, 응원, 지지를 받고 있다는 느낌을 받을 수 있다.

타인으로부터의 인정을 잘 반영한 평가 시스템의 대표적인 경우는 동료 평가(peer review)이다. 동료 평가란 학계에서 활용하는 방식으로 연구자가 논문을 투고하면 같은 분야에 속해 있는 익명의 연구자들이 심사를 일임하는 시스템을 가리킨다. 이러한 평가 방식은 피평가자에게 실질적인 조언을 줄 수 있어 연구의 개선 및 발전을 촉진하는 결과를 낳는다. 구체적으로는 실리콘밸리의 동료 평가는 사내 동료들 간에 서로의 관심사, 연구 분야, 업무에 대해서 파악할 수 있는 기회를 제공하기도 한다. 특히 부서 간 이기주의가 심한 회사들은 동료 평가를 통해서 커뮤니케이션의 단절을 극복할 수도 있다. 또한 동료 평가는 회사 전체의 입장에서도 이득을 준다. 예를 들어 한 엔지니어가 프로그램을 개발하던 중 자신도 모르던 에러가 동료 평가에서 발견되는 경우도 있다. 만약 그 에러를 아무도 모른 채 제품이 출시되었다면 회사는 시장에서 막대한 불이익을 초래했을지도 모른다.

결과적으로 평가는 잘하는 사람에게 칭찬과 박수를 보내자는 취지를 갖고 있다. 이는 피상적으로는 한국의 인사고과제도와 크게 다르지 않다. 잘 하는 사람에게 격려금, 상장, 봉급, 승진으로 보상하거나, 거꾸로 못하는 사람에게는 연봉 삭감 및 강등의 벌을 내리기도 한다. 그러나 성과급제도의 맹점은 그것이 상부의 평가에 근거한다는 점에 있다. 만약 위로부터 아래로 내려오는 평가가 아래로부터 위로 올라가는 평가와 상충된다면 그 직장의 분위기는 어떨까? 동료들이 최고로 꼽는 인재와 회사가 최고로 꼽는 인재가 다르다면 그 회사는 경직된 문화를 갖고 있는 것이 틀림없다.

인텔에서 일할 때 부서원 중에 빌이라는 아주 똑똑한 연구원이 있었다. 그의 업무 능력은 뛰어났지만 치명적인 단점이 있었다. 그는 시간을 잘 준수하지 않고 회사의 기본적인 규칙들을 잘 따르지 않는 직원이었다. 업무 시간에 나한테 보고도 없이 사라지고 특별한 사유 없이 자주 집에서 일하곤 했다. 이로 인해 함께 일하던 주변의 동료들이 상당히 일하기 힘든 상대라고 평가를 했다. 업무능력은 뛰어났지만 규칙을 따르지 않아 함께 일하기 힘든 상대라는 동료 평가를 반영해 '기대이하(Below Expectation)' 고과를 주었다. 빌은 처음에는 납득할 수 없다며 평가에 반발했지만 그동안 기록해 두었던 위반 사례들을 제시하며 하위 고과를 받은 이유를 설명했다. 물론 동료들의 솔직한 피드백도 전달했다. 여러 차례에 걸쳐 오랜 시간의 면담으로 그동안 회사에 적응하지 못한 이유를 알고 보니 본인의 능력 대비 주어진 일이 너무 도전적이지 않았다는 것이다. 그 후 나는 연구원이던 그에게 리더급 업무를 부여했고 빌은 그 과제를 상당히 성공적으로 완수했다. 성과를 인정해 그 다음 평가에서 최고 등급인 '최우수(Outstanding)'를 주었고 과장으로 승진을 했다. 지금도 그가 아주 잘하고 있고 차장으로 승진했다는 등의 소식을 가끔씩 듣고 있다.

실리콘밸리의 회사들은 직원들이 박수칠 때 회사도 함께 박수를 칠 수 있는 곳이다. 그들은 수직적인 평가와 수평적인 평가의 장점만을 취

　　　　　　　　　　　　　　사람은 사람의 꿈에 반한다

해 동료가 인정하는 사람과 상부에서 인정하는 사람이 동일하게 나올 수 있도록 신경을 쓰고 있다. 이러한 촘촘한 그물망과 같은 평가 시스템은 최고의 인재를 성장시켜 최고의 전문가로 만들겠다는 회사 전체의 운영 철학에도 상응하는 것이다. 결국 사람이 중심이다.

속도와 호흡을
동시에 조절하라

최근 국내에서도 효율적인 업무 환경을 조성하기 위해 워크 스마트를 지향하는 회사들이 늘고 있다. 워크 스마트는 육상 경기에 비유할 수 있다. 일단 빨라야 한다. 하지만 속도뿐만 아니라 선수 스스로 페이스를 조절하는 능력도 갖추고 있어야 한다. 예컨대 단거리 경기는 스타트가 승패를 결정짓지만 장거리 경기에서는 꾸준히 자기 본연의 페이스를 유지하면서 선두권에 머무르다가 마지막 구간에서 남은 힘을 발휘할 수 있어야 한다. 사내에서의 워크 스마트란 빠르면서도 지치지 않고 오래가는 자기 관리의 일환인 것이다.

마찬가지로 좋은 리더가 되기 위해서는 자신의 역량과 재능이 어느 정도인지 그리고 회사의 환경이 어떠한지를 파악하고, 나아가 자신이 수행하는 과제가 어떤 것인지를 확인한 후 각각의 상황에 능동적으로 대처하기 위한 자세를 갖추고 있어야 한다.

근면 성실한 직원이 좋은 직원이라는 등식은 오늘날에는 구시대의 유물과 같다. 과거에는 남들보다 일찍 출근하고 늦게 퇴근하면서 하루 종일 수북이 쌓인 서류와 씨름하는 샐러리맨의 모습에서 미덕을 찾았다. 그러나 오늘날 업무 평가는 시간에 비례하기보다는 효율성을 기준으로 삼는다.

워크 스마트는 눈치 보기에 바쁜 수직적인 조직 문화와는 어울리지 않는다. 대표적으로 드라마 〈미생〉의 신입사원들의 경우 선배와 상사들의 기에 눌려 산다. 유형도 각양각색이다. 그들은 각각 비정규직이라는 이유로, 학벌이 좋다는 이유로, 현장 출신이라는 이유로, 지나치게 능력이 뛰어나다는 이유로 선배들로부터 미움을 받는다. 그들은 한동안 업무와는 상관없는 커피 심부름, 담배 심부름, 복사, 전화 받기와 같은 허드렛일을 도맡아서 한다. 단군 이래 최고의 스펙을 자랑하는 인재들이 선배들 눈칫밥 먹으면서 회사를 다니고 있는 것이다.

반면 실리콘밸리에서는 눈치 보기보다는 눈높이에 맞는 업무 설정을 통해 개개인이 가지고 있는 역량을 발휘할 기회를 준다. 보통 엔지니어들의 직급은 연구원(engineer), 선임연구원(junior engineer), 책임연구원(senior engineer), 그리고 리더급으로 나뉘며 직급별로 레벨 세팅을 통해 전문 지식과 그것을 활용하는 정도를 구분해서 적용하고 동일한 기준에 따라서 업무 능력을 평가한다. 매니저는 직원들과 지속적으로 협의해나가는 과정에서 레벨 세팅을 해주고 일정 수준에 도달하면 다음 단계로 나아가게끔 유도한다. 말하자면, 〈미생〉처럼 고급 인력을 뽑고서도 비상식적으로 단순한 업무를 시키거나, 채용 즉시 모든 분야에서 뛰어난 능력을 가진 멀티플레이어형 인재를 기대하는 경우는 없다. 실리콘밸리에서는 모든 직원이 자기 몸에 꼭 맞는 일을 할 수 있어야 좋은 회사라고 생각한다.

이러한 근무 환경에서 효율적인 업무처리를 가늠하는 기준은 시간이다. 같은 조건에서 같은 업무를 수행할 때 시간을 단축시킬수록 능력 있는 사람으로 평가 받는다. 업무 처리가 모두 정확하다는 전제하에 일 처리 속도가 빠를수록 후한 보상이 주어지는 것은 인지상정이다. 만약 업무 처리 속도가 기대치보다 느리다고 판단될 경우에는 그 원인을 파악하고 문제점에 대해서 함께 고민하거나 때에 따라서는 경고를 준다.

무작정 빠르기만 하다고 좋은 것은 아니다. 주어진 업무에 따라서 시간 관념도 달라질 필요가 있다. 첫째, 개인적인 시간 관념이 필요하다. 특히 선임연구원은 의존적으로 명령과 지시에 따라 움직이는 경우가 많기 때문에 과제를 마쳐야 하는 시간을 정확하게 파악할 필요가 있다. 프로젝트를 진행하면서 개별적인 목표 관리(MBO, management by objectives)를 통해 아이템, 과제 수행 방식, 최종 달성 기간 등을 능동적으로 결정하는 것이 좋다. 둘째, 회사가 요구하는 시간 관념을 파악해야 한다. 이는 팀 단위로 프로젝트를 수행하거나 회사 전체에서 사활을 걸고 출시하는 프로그램이나 상품이 있을 때 해당하는 말이다. 셋째, 자신의 회사가 어떠한 시장에 참여하고 있는지를 숙지하고 있어야 한다. 예를 들어 시장 진입 시기(time to market)를 놓고 봤을 때 모바일 제품은 6개월을 주기로 반복되는 단기 주기를 갖고 있다면, 상대적으로 PC는 2년이라는 장기 주기를 갖고 있다.

사람은 사람의 꿈에 반한다

이처럼 프로젝트의 성격에 따라서 민첩하게 마무리해야 할 일이 있는 반면 장기적으로 연구 및 제품 개발이 필요한 일도 있다. 리더는 팀의 속도와 함께 호흡을 조절해주는 사람이다. 스피드와 지구력을 꼼꼼하게 조절하고, 페이스를 이끄는 사람이다. 속도는 빠르되 호흡은 여유로울 수 있도록 만드는 사람이다. 한마디로 페이스메이커이다.

누가 유레카를
외치는가

기원전 200년 경 시칠리아의 히에론 왕은 아르키메데스를 불러 요상한 임무를 맡긴다. 자신의 왕관이 순금인지 합금인지 알아보라는 것이다. 단 왕관을 망가뜨리거나 훼손해서는 안 된다고 단단히 일렀다. 아르키메데스는 목욕을 하다가 우연히 자신이 들어간 욕조의 물이 넘치는 걸 보고서는 동일한 왕관을 물속에 넣으면 황금의 밀도를 알 수 있다는 사실을 깨달았다. 흥분했던 그는 목욕하다 말고 거리로 뛰쳐나가 "유레카"를 외쳤다.

기발한 생각은 책상 앞에서 나오지 않는다. 실리콘밸리에는 유레카를 위한 20퍼센트의 문화라는 것이 있다. 구글은 '20퍼센트 시간'을 활용해 전체 업무 중 20퍼센트를 여가 시간에 활용하는 대표적인 회사다. 이는 주5일 중 하루를 휴가처럼 보내거나, 회사에서 게으름을 피우거나, 휴식을 취하는 것과는 거리가 멀다. 실제 이 프로젝트는 업무 과중에 따른 피로로부터 벗어나 기분 전환 삼아 직원들이 평소 개인적으로 관심을 가지고 있던 일에 몰두하는 것을 장려하기 위해 만들어진 정책이다. 실제 그 효과는 회사에 120퍼센트로 돌아오고 있다. 구글은 20퍼센트 프로젝트로 구글 자동완성(suggest), 구글 나우(now), 구글 뉴스(news), 지메일 광고, 안드로이드용 스카이맵 등을 출시한 바 있다.

비슷한 사례는 시스코에서도 찾아볼 수 있다. 이 회사는 '창의적 아이디어 시스템'이라는 프로그램을 통해 직원들이 전체 업무의 20~50퍼센트 가량을 아이디어 개발에 투자하게끔 장려하고 있다. 1년 단위로 개개인이 하고 싶은 아이디어를 제출하면 해당 프로젝트는 매니저가 관리하고 평가한다. 신입사원도 예외 없이 이 프로그램에 참여할 수 있다. 누구에게나 기회가 열려 있고, 누구나 할 수 있도록 관리해준다는 것은 곧 직원의 무한 가능성을 믿고 지원해준다는 것이다. 이것이 바로 실리콘밸리를 자율성과 자발성에 기반한 조직 문화의 본거지라고 말하는 이유이다.

창의성과 자율성을 보장하는 보다 구체적인 사례는 특허와 논문을 장려하는 문화에서도 나타난다. 램버스, 브로드컴, 시놉시스 등은 엔지니어들의 개인 연구를 적극 장려하고 있다. 램버스는 회사 차원에서 특허와 논문을 장려하고 있으며, 또 매주 미팅을 통해서 각자가 하고 있는 일이나 전문 분야의 지식을 놓고 자유롭게 토론하는 시간을 갖는다. 회사가 창의력을 발휘할 수 있는 환경을 조성해주면 자연스럽게 동료들 간의 협력이 이루어지면서 모두가 동반 성장될 수 있다. 실제로 일부 회사들은 특허를 출원할 경우 인사고과에 반영하는 것뿐만 아니라 특별 보너스를 지급하여 직원들에게 강한 동기 부여를 제공하고 있다.

실리콘밸리는 직원들에게 어느 정도로 자율성을 보장해주는가? 내가 인텔에서 매니저로 근무할 당시 한 엔지니어의 승진을 결정할 시기가 있었다. 나는 그 직원이 자신의 레벨에서 좋은 성과를 냈으며 다음 레벨로 승진해도 무리가 없다고 판단했다. 그에게 곧 승진을 할 거라고 소식을 알려주자 뜻밖에도 싫다는 대답이 돌아왔다. 승진을 마다한 그 직원의 태도는 확고했고 이유 또한 명확했다. 회사의 기대치와 회사가 요구하는 임무보다는 현재 자신의 직급에서 하고 있는 일이 더 좋으며 아직도 할 일이 많이 남았다는 것이다. 납득하기 힘들겠지만 실리콘밸리에서는 승진도 상당부분 선택에 의해서 이루어지는 경우가 있다. 특히, 승진이 필요한 경우에는 매니저와 상담 후 정해진 요구 사항을 충족시키면 바로 다음 직급으로 올라갈 수 있다. 결국, 어떤 위치에서 무슨 일을 할 것인지에 대한 결정권은 회사보다 개인에게 있다.

창의력은 직원의 잠재력을 믿고 기다리는 개방된 문화 속에서 나온다. 회사가 이윤 창출만을 최고의 가치로 여긴다면 20퍼센트 문화는 무용지물이다. 회사가 직원을 아는 것보다 직원이 스스로에 대해서 더 많이 알게 되는 것의 잠재력이 더 높다. 회사는 직원들에게 동기를 부여하고, 그들이 본연의 가치를 발견하고 또 그럼으로써 스스로의 자존감을 유지할 수 있게끔 협력해야 한다. 언제, 어디서, 또 누가 유레카를 외칠지는 아무도 모른다. 20퍼센트는 노는 게 아니라 새로운 발견에 투자하는 것이다.

사람은 사람의 꿈에 반한다

실리콘밸리와 글로벌 기업에 관한 오해와 진실

부록

억대 연봉에도
가난한 사람들

실리콘밸리에도 가난이 있다. 그들의 가난은 일자리가 없거나 소득 수준이 낮아서 겪는 절대적 빈곤과는 거리가 멀다. 또한 남들보다 적게 벌고 있다는 박탈감 때문에 비롯되는 상대적 빈곤과도 거리가 멀다. 납득이 되지 않겠지만 직장도 있고 남부럽지 않게 돈을 벌어도 힘들어서 못 살겠다는 소리가 새어 나오고 있다. 그것도 평균 연봉 10만 달러(한화 1억 2천만 원) 정도를 받는 엔지니어들이 말이다.

이해를 돕기 위해서 시간을 거슬러 올라가보자. 2008년 9월, 투자 은행 리먼 브라더스의 파산을 시작으로 미국발 금융위기가 전 세계로 퍼져나갔다. 금융시장의 경색은 곧바로 실물경제에도 부정적인 영향을 미쳤다. 실업률이 증가하고, 신용불량자가 늘면서 미국 가정은 눈덩이처럼 불어나는 가계 부채에 허덕였다. 자본의 흐름을 결정하는 변수는 항시 복잡하게 얽혀 있어 경제적 위기의 원인을 명확히 파악하기 어려운 것이 일반적이지만, 이 시기 미국 금융 위기의 주요 원인은 2000년대 초중반 부동산 시장의 과열로 꼽히고 있다.

이미 2005년 6월 〈이코노미스트〉는 부동산 가격의 하락을 경고한 바 있다. 2000년대 초반부터 은행은 저금리 대출로 고객들을 유인했고 이에 편승해 부동산 시장의 공격적인 마케팅이 저소득층 및 중산층으로 하여금 '지금 집을 사두지 않으면 바보'라는 생각을 하게 만들었다. 그렇게 빚을 내서 산 집은 부동산 시장의 거품이 꺼지자 하루아침에 애물단지로 전락하고 말았다. 곧이어 가계 빚이 쌓이고 신용불량자가 속출하면서 연쇄적으로 주택담보 대출로 파생상품을 만들었던 금융 회사들이 파산했다. 이 모든 사태를 한 줄로 요약하면, 부동산으로 시작된 미국 중산층의 꿈이 금융위기로 끝났다는 것이 된다.

실리콘밸리는 미국에서도 소득 불평등이 극심한 곳 중 하나다. 2014년 조인트 벤처 실리콘밸리(Joint Venture Silicon Valley)의 보고서에 따르면, 고소득 및 저소득 일자리는 각각 증가하는 데 반해서, 중간 소득에 해당하는 직종의 종사자 수는 2001년에 비해 4.5퍼센트 감소했다고 한다. 이는, 실리콘밸리에서 중산층이 줄어드는 만큼 저소득층이 증가하고 있다는 것을 말해준다.

중산층의 경제적 고충은 이 지역의 비싼 물가와도 관련이 있다. 실리콘밸리는 타지에 비해 상대적으로 연봉은 높지만 지출이 상당하다는 경제적 특징이 있다. 연봉 10만 달러를 받는 싱글을 기준으로 했을 때 세금 3만 달러, 집세 2만 4천 달러 정도가 든다. 여기에 자동차 렌트비, 전화 및 휴대전화 사용료 등을 내고 나면 대략 3만 달러 정도가 생활비

사람은 사람의 꿈에 반한다

로 남는다. 그나마 싱글은 평균 연봉으로도 그럭저럭 생활이 가능하다. 그러나 한 보고서에 따르면, 실리콘밸리에서 4인 가족을 부양하기 위해서는 연간 9만 달러 상당의 돈이 필요하다고 한다. 저축은 꿈도 못 꾼다. 결국, 한국 돈으로 환산해서 억대 연봉을 받는 노동자일지라도 실리콘밸리에서 가난의 위험에 노출되어 있다는 말이 된다.

실리콘밸리를 낙원의 도시라고 생각하는 이들에게는 청천벽력 같은 소리일지도 모른다. 특히 미국에서 세계적인 인재들과 자웅을 겨루어 보고 싶은 한국 엔지니어들을 비롯해 해외 취업에 성공해 질 높은 삶을 보장받을 기대감에 부풀어 있는 사회 초년생들에게는 좌절감이 더 크게 다가올 것이다. 가슴 깊은 곳에서부터 끓어오르는 도전 정신의 뜨거운 열기는 현실의 차가운 벽 앞에서 식어버리고는 한다.

냉철해져야 한다. 섣부른 낙담도 독이다. 하지만 전문성과 창의력을 겸비한 인재들에게는 항상 문을 열어두고 그들을 위한 충분한 보상으로 환대하는 곳 또한 실리콘밸리라는 것을 잊어서는 안 된다.

밤에도 낮에도
일은 계속된다

한국 직장인들은 늘 만성피로에 시달린다. 2014년 tvN에서 방영되었던 〈미생〉은 상사맨들의 직장생활을 현실적으로 다루어 인기를 누렸다. 극 중에서 다크서클이 길게 내려앉은 이들을 보고 있노라면 한국 직장생활에서 야근은 물론이고 특근마저도 일상인 것처럼 보인다. 실제이 드라마에 열렬한 호응을 보낸 시청자들 대부분은 취업을 앞두거나 이미 직장 생활을 하고 있는 20~30대 젊은이들이었다. 시청자들은 극중 인물들이 처한 상황에서 현실 속 자신의 모습을 발견하면서 감정이입을 했을 것이다. 비정규직을 양산하는 비인간적인 노동시장의 생리, 충성과 헌신을 강요하는 수식적인 조직 문화, 그리고 그리한 환경 속에서 고강도 노동으로 회사의 요구와 기대에 부응하느라 기계의 부속품으로 전락한 자기 자신을 말이다.

실리콘밸리는 어떨까? 번뜩이는 아이디어를 가진 천재들이 모인 곳인 만큼 많은 시간 휴식하고 짧은 시간 안에 일을 처리하리라고 생각하기 쉽다. 주5일 근무제, 재택근무 및 원격근무, 그리고 직원들의 휴식과 여가를 보장하는 사내의 각종 복리후생 제도만 봐도 그러하다. 하지만 사내의 유연한 근무 환경과 노동의 강도는 별개다. 실리콘밸리에도 일 중독자들이 있다.

스티브 잡스가 애플에서 퇴사하고 넥스트에서 일하고 있을 때의 일화를 하나 소개하고 싶다. 모두가 열띤 회의에 집중하고 있을 때 별안간 스티브 잡스가 상기된 얼굴을 하고서는 크리스마스까지 밤이고 주말이고 계속 일한 다음 한 주 내리 쉬자고 제안한다. 그러자 사무실 뒤편에서 한 엔지니어가 점잖게 조심스레 말했다. "음, 사장님, 저희는 이미 밤이고 낮이고 일하고 있는데요."

이 일화에서 보듯이 실리콘밸리의 밤은 길다. 시시각각 변하는 업계의 질서에 유동적으로 대처하고 새로운 시장의 판도에 기만하게 반응하고 또 그 모든 질서를 혁신적으로 파괴하기 위해서는 낮보다 밤이 길거나 낮밤의 구분이 없을 수밖에 없다.

다만 실리콘밸리의 고강도 업무는 한국의 그것과 큰 차이가 있다. 이곳의 대다수 회사들은 직원들을 위한 물질적 및 정신적 배려를 아끼지 않는다. 예컨대, 일부 회사에서는 직원들에게 무료로 식사를 제공한다. 직원들의 배가 든든해야, 그들이 아프지 않아야 회사가 잘 돌아간다는 확고한 운영 철학이 없으면 불가능한 발상이다. 또 다른 예로 구글에서는 직원들이 주차장에서 시간을 낭비하는 걸 방지하기 위해 발레파킹 서비스를 제공하기도 한다. 직원을 위한 이와 같은 물질적 지원들은 회사의 주인은 직원이라는 운영 철학으로부터 나온 것이다. 결국, 실리콘밸리는 즉 일중독에 빠지고 싶은 자들을 위한 천국이라고 할 수 있다.

엔지니어들 중 상당수는 현실과 괴리된 채 자기 세계에 빠지는 경우가 있다. 그들은 테크놀로지의 발달이 인류의 삶의 질을 향상시키리라고 믿으면서 상상 속에서만 가능했던 일을 현실화하기 위해 자기 일에 몰두한다. 이런 자들에게 노동과 삶의 균형은 유지되기 힘들다. 회사는 강요 대신 그들이 자기 스스로 목표를 설정하고 그 목표를 달성해 성취감을 느낄 수 있도록 최적의 환경을 조성해주기 위해 물심양면으로 돕는다. 단순히 일을 잘해서 회사의 이윤에 보탬이 되라고 다그치는 것이 아니라, 그들이 건강하게 그리고 안정적으로 자기 일을 완수해서 만족감을 얻을 수 있도록 회사가 그들의 든든한 후원자, 조력자, 그리고 친구를 자처한다.

추진력의 원천은 개인에게 있다. 실리콘밸리에서 새로운 기술 개발만큼이나 새로운 인재 발굴에 신경 쓰고 모든 회사들이 채용에 막대한 돈과 시간을 투자하는 까닭도 모든 일의 출발과 끝에는 사람이 있다는 믿음 때문이다. 이곳에 입성하거나 적응하는 모든 과정에서 내가 지금 하고 있는 일에 대한 나의 열정을 끊임없이 살피고 점검해보길 권한다. 열심히 하는 것보다는 잘하는 게 좋고, 그냥 잘하는 것보다는 즐기면서 잘하는 게 좋지 않겠는가.

사람은 사람의 꿈에 반한다

실리콘밸리의
마피아들

로마에 가면 로마법을 따르듯 실리콘밸리에서는 유대인의 문화를 배워야 한다. 한국 기업인들은 유대인 투자자에게 유독 약하다. 유대인들과 사업을 위해 미팅을 한 이들은 하나같이 마음에 상처를 받는다. 유대인들과의 커뮤니케이션을 위해 필요한 역사적, 문화적, 정치적 지식을 충분히 조사해오지 않은 탓이다. 행여 조사를 했다고 해도 실제로 유대인들을 대면해보면 그들의 강한 악센트의 영어 발음과 공격적으로 퍼붓는 질문 공세에 당황하고 만다. 하지만, 정작 유대인들은 거의 대부분의 일상생활에서 대화와 토론을 즐기며 또한 그들은 대화 속에서 삶의 진리를 찾으려는 자세가 몸에 배어 있다.

실리콘밸리에서 창업하기 위해서는 유대인 투자자를 끼고 있어야 한다는 농담이 있다. 미국 전체 인구 중 유대인의 비중은 2퍼센트인 660만 명 정도에 불과하지만, 이들은 미국의 정치, 경제, 군사, 산업, 교육과 같은 각 분야에서 막강한 힘을 자랑하고 있다. 실리콘밸리도 예외는 아니다. 오라클의 래리 앨리슨 회장, 델컴퓨터 창업자 마이클 델, 인텔 공동 창업자 앤드루 그로브, 마이크로소프트의 스티븐 발머 전 CEO, 구글 공동 창업자인 세르게인 브린, 페이스북의 마크 저커버그 등이 모두 유대인이다.

유대인의 특징 중 하나는 공격적인 투자가 기질이다. 그 성격은 각각 다르지만 《탈무드》의 지혜로운 상인들이나, 셰익스피어가 쓴 《베니스의 상인》에 등장하는 악랄한 상인들은 장사 수완이 좋으며 투자가 기질을 갖고 있다는 공통점이 있다. 돈 버는 데 있어서는 둘째가라면 서러워 할 이들이 또 있다. 현재 실리콘밸리에는 페이팔의 초창기 멤버들을 가리키는 '페이팔 마피아' 또는 '유대인 마피아'가 악명을 떨치고 있다. 간단한 이메일 주소만으로도 결제가 가능한 인터넷 서비스인 페이팔은 웹 2.0을 정보 흐름의 중심에서 금융 흐름의 중심으로 바꾸어 놓았다. 초기 창업자인 맥스 레브친, 피터 틸을 비롯해 앨런 머스크, 채드 헐리, 스티브 챈, 리드 호프먼 등은 자신들의 사교 모임에서 수다를 떨다가도 앉은 자리에서 수십 억 원을 투자해버리는 대범한 자들이다.

유대인들은 새로운 흐름을 읽어내는 데 있어서도 귀재다. 페이팔의 공동창업자이자 CEO인 피터 틸은 자신의 투자 개념이 단순 수익 창출이 아니라 '창조적 독점'이라고 주장한다. 그가 저서인 《제로 투 원》에서 밝힌 투자 비결은 간단하다. 비슷비슷한 제품으로 경쟁을 하면 경쟁에서 누구도 독보적인 수익을 낼 수 없다. 반면 완벽하게 차별화된 제품이 나온다면 시장의 질서는 창조적인 독점에 이른다. 실제로 그는 페이

사람은 사람의 꿈에 반한다

스북 초기 마크 저커버그에게 50만 달러를 투자해 이 회사의 지분 10퍼센트를 확보했고, 그 가치는 현재 2조 원이 넘는 것으로 추정된다. 결국 투자를 성공으로 이끄는 비결은 미래를 선도할 사업을 내다보는 혜안에 있다. 피터 틸은 투자에 있어서만큼은 독점을 독식이 아니라 시장질서의 창의적 파괴로 읽고 있는 것이다.

유대인 마피아의 실질적인 힘은 그들만의 *끈끈한* 네트워크에서 나온다. 그들은 고인 물이 아니라 흐르는 물이다. 과거 실리콘밸리 선배들이 창고에서 홀로 고군분투하면서 기적을 일구었다면, 새로운 세대들은 협업으로 공동의 성공을 일구어나가고 있다. 페이팔 멤버들은 이미 자사가 2002년 이베이에 15억 달러에 매각되면서 돈방석에 앉았지만 현실에 안주하지 않고 새로운 분야에 지속적으로 투자했다. 피터 틸은 벤처캐피털인 파운더펀드를 만들었고, 앨런 머스크는 스페이스X를 설립했고, 스티브 챈과 채드 헐리는 유튜브를 창업했고, 리드 호프먼은 링크드인에 참여했다. 이들은 실리콘밸리를 새롭게 개척한 동료로서 긴밀한 유대 관계를 다지고 있으며, 또한 각자 전문 분야에서 투자와 창업을 주도하고 있다. 따로 또 같이라는 전략이 실리콘밸리에서 스타트업의 새로운 모델로서 자리매김한 것도 상당부분 이들의 공로라고 할 수 있다.

실리콘밸리의 지형도는 인적 네트워크들을 중심으로 재편되고 있다. 이는 기술과 지식을 중시하는 실리콘밸리의 핵심 동력에 인간 중심적인 사고가 있다는 말이다. 녹보석인 기술력과 녹장적인 아이디어를 가진 천재와 영웅들의 시대가 지나가고, 다양한 분야의 전문가들이 상

호 협력하는 공동체가 속속들이 나타나고 있다. 이러한 협력정신을 가
장 잘 구현하고 있는 것이 유대인들이다. 그들은 실리콘밸리의 최전선
에서 인간적인 전략으로 새로운 시장을 개척해 나가는 중이다.

늑대 문화,
왜 실리콘밸리에는
여성이 드물까?

투자자들의 지갑은 남성에게는 관대하고 여성에게는 인색하다. 스타트업에 참여한 많은 여성들이 투자자들과의 막판 협상에서 좌절하는 경우가 종종 있다. 제아무리 민주주의의 꽃을 피운 미국이더라도 가부장제, 남성우월주의, 권위주의 문화는 지나치게 뿌리 깊은 나무였던 것이다.

2003년 미국 법률 회사 중 하나인 '펜윅&웨스트(Fenwick & West)'는 〈실리콘밸리에서 성적 다양성(Gender diversity in Silicon Valley)〉이라는 보고서를 발표한 바 있다. 이 연구는 실리콘밸리의 150개의 기업을 대상으로 여성들이 성적 차별을 받고 있다고 전한다. 예를 들어 150개 기업 중 여성 임원직이 단 한 명도 없는 곳은 43퍼센트, 한 명이 있는 곳은 40퍼센트, 두 명이 있는 곳은 12.7퍼센트, 세 명이 있는 곳은 4퍼센트의 비율로 나타났다.

실리콘밸리에서 성공의 반열에 오른 여성이 전혀 없는 것은 아니다. 야후의 CEO인 마리사 메이어는 2012년 〈포브스〉가 선정한 올해를 빛낸 매력적인 여성 12인에 당당히 이름을 올렸고, 야후 내에서도 연봉이 가장 높은 위치에 있다. 여성으로서의 입지전지적인 그녀의 성공은 단순히 성과지표만으로는 가늠할 수 있는 게 아니다.

마리사 메이어가 실리콘밸리에서 회자되는 이유는 그녀가 단순히 여성이기 때문이 아니라 세계 굴지의 기업을 호령하는 특유의 카리스마적 리더십 때문이다. 그녀는 야후 CEO자리에 오르자마자 야후의 옛 영광을 되찾기 위해 과감하게 수술칼을 꺼내들었다. 그리고 곧바로 사업 정리에 들어갔다. 일단 업무 방식을 바꾸었다. 실리콘밸리에서 일상화된 재택근무 방식은 지금 당장 회사의 존폐가 걸려 있는 상황에서 아무런 도움이 되지 않는다고 판단한 후, 모든 직원들에게 사무실로 나와 예전처럼 머리를 맞대고 회사에 대해서 고민하자고 다그쳤다. 직원들에 대한 고강도 지침은 사업 정리로 이어졌다. 야후에서 2015년까지 장기간에 걸쳐서 추진해왔던 사업 중 실효성이 없는 60개의 사업을 정리했다. 또한 문어발식 사업 확장을 중단하고 선택과 집중을 통해 꺼져가던 야후의 숨결을 되살려냈다. 그녀의 냉정한 판단과 강력한 실행 덕분에 야후는 구글에게 밀렸던 옛 명성을 서서히 회복하는 중이라는 평가를 받고 있다.

그런데 마리사 메이어와 같은 인물은 어디까지나 소수의 신화에 지나지 않는다. 실리콘밸리가 기억하는 남성들의 틈바구니에 여성이 낄 자리는 없다. 과장해서 말하자면 실리콘밸리의 역사는 그 자체로 남성

　　　　　　　사람은 사람의 꿈에 반한다

신화의 역사이다. 그렇다면 그 많던 여성들은 어디로 갔는가? 한 기업을 이끄는 리더의 자리에 여성이 설 수 없다는 것은 그 자체만으로도 실리콘밸리에 여성 혐오 성향을 짙게 드리워져 있다는 증거인 셈이다.

대체로 미국 기업 사회에서 월스트리트의 '늑대 문화'는 여성 혐오의 원흉으로 꼽히고 있다. 오늘날에는 실리콘밸리도 그런 문화로부터 자유롭지 않다. 국내에서도 개봉한 마틴 스콜세지 감독의 〈더 울프 오브 월 스트리트〉는 주식 사기로 월스트리트를 주름 잡은 한 남자의 성공담과 함께 그와 동료들이 섹스와 마약에 물든 일상을 보여준다. 이 영화에서 적나라하게 보여주고 있는 것처럼 늑대 문화란 남성들이 본능과 욕망의 노예가 되는 삶을 추구하는 것을 지칭하며 이러한 문화 속에서 남성은 돈과 여성을 모두 소유 가능한 사물 정도로 취급한다. 만약 이러한 문화적 형태가 그대로 적용되고 있다면 실리콘밸리에서 여성은 사업파트너이자 동료보다는 비인격화된 사물로 인식되고 있을 것이다.

과장이 아니다. 실제로 임원급 여성의 부재가 이를 증명하고 있다. 그 발단은 아래로부터 시작되었다. 예를 들어 구글은 전체 직원 중 70퍼센트가 남성이며, 대부분의 실리콘밸리의 회사들도 60퍼센트 이상이 남성이다. 이러한 성비 불균형은 결과적으로 여성들의 임원급 진출에 있어 일차적 장애물일 수밖에 없다. 전체 직원 중 30~40퍼센트에 해당하는 여성들이 임원이 되기 위해서는 기적과 같은 수혜를 받아야 한다. 임원이 될 여성을 뽑는 이사진들의 상당수가 남자인 것이 바로 그 이유다. 그만큼 여성들이 실리콘밸리에서 성공하기는 힘들다는 것이다.

보다 더 현실적인 고민거리는 출산과 육아다. 상당수의 여성들은 출산과 육아로 인해 직장 생활을 그만둔다. 출산을 여성의 의무로 간주하거나, 육아를 남녀가 함께 노력해서 헤쳐나가야 할 과제로 생각하지 않는다면 여성은 일터에서 자연스럽게 배제될 수밖에 없다. 또한 사회의 주체나 노동자가 아니라 가정의 주체 또는 가사노동자라는 굴레에서 벗어나지 못한다.

이처럼 실리콘밸리의 차별 성향은 두 가지 차원에서 이루어지고 있다. 이곳의 여성들은 남성의 욕망에 의해, 그리고 가부장제라는 뿌리 깊은 사회적 편견에 의해서 공적인 자리에서 배제되고 있는 것이다.

사람은 사람의 꿈에 반한다

워킹맘을 위한
배려

　다행히도 실리콘밸리는 각 회사별로 성적 불평등을 최소화하기 위해 다양한 안정 장치를 마련하고 있다. 채용과정에서 남성과 여성의 비율을 대등하게 적용하거나, 때로는 여성 할당제를 실시하기도 한다. 더불어 주기적으로 성희롱 예방 교육을 실시해 직원들에게 경각심을 일깨우고 있다. 이러한 배려 덕분인지, 직장 생활에서 성차별이나 성적 불평등을 피부로 체감하지 못했다는 희망적인 목소리를 들을 수 있었다.

　케이던스(Cadence)에서 소프트엔지니어로 일하고 있는 박지우 씨는 워킹맘이다. 그녀는 결혼 후 남편과 함께 미국에서 박사 과정을 하면서 아이를 낳았고, 이후 인턴 과정을 거쳐 지금의 회사에 입사했다. 입사 당시 지우 씨 가족은 텍사스 오스틴에 있었지만, 그녀가 합격한 회사의 위치는 캘리포니아 산호세 사이트였다. 회사 측에서는 그녀에게 "이산 가족을 만들고 싶지 않다"는 말과 함께 오스틴 사이트에서 근무하면서 전화, 이메일 등으로 업무를 처리할 수 있도록 배려해주었다.

그녀는 회사에서 성차별을 느끼지 못한 이유 중 하나로 자유로운 근무 시간을 꼽았다. 그녀에 따르면 "가정 사정으로 늦게 출근한다든지, 아이가 아파 학교에 가지 못해 집에서 일한다든지, 아이를 데리러 가기 위해 일찍 퇴근하는 것에 대해 상당히 관대하고 자유로운 편"이라고 한다. 근무 시간과 삶의 시간을 개인과 가족의 사정에 맞게끔 유연하게 조정할 수 있는 장치들이 마련되어 있다는 것이다. 그녀는 자신의 회사에서 60세 즈음에 희망퇴직을 신청한 여성 엔지니어를 보면서 오랫동안 회사에 머물면서 자신의 역량을 발휘한 후 명예롭게 퇴직하고 싶다고 밝혔다.

그러나 여전히 직장생활과 육아를 병행하기란 말처럼 쉽지 않다. 알테라(Altera Coporation)에서 근무 중인 심유정 씨는 퇴근이 곧 "제2의 출근"이라면서 직장생활과 가사노동을 병행하는 데 있어서 여러 고충이 따를 수밖에 없다고 말한다. 그러나 이러한 어려움에도 불구하고 재택근무나 조정이 가능한 자유로운 출퇴근 시간 같은 유연한 근무 환경에 위안을 얻는다는 말을 덧붙였다. 그녀의 회사는 세간에서 말하는 여성 차별 없이 최고의 성과를 낼 수 있도록 충분한 지원을 제공하고 있었던 것이다. 단적인 예로 그녀가 근무 중인 알테라에는 여성 엔지니어들만을 위한 별도의 커뮤니티는 물론 여성 리더를 성장시키기 위한 각종 프로그램이 운영되고 있다.

두 여성들이 일과 개인생활에서 완벽한 균형을 누린다고 볼 수는 없다. 그들도 분명 아이들을 재우고 업무용 이메일을 확인했을 것이며, 퇴

사람은 사람의 꿈에 반한다

근 후에 이어지는 가사 노동에 지쳐 잠이 드는 순간이 있었을 것이다. 이러한 과로와 피로가 해로운 것은 아닐까? 구글의 회장 에릭 슈미트는 일 또한 생활의 중요한 일부분이 될 때 '좋은 의미의 과로'가 이루어진다고 말한다. 실리콘밸리의 대다수 기업들은 창의적인 인재들이 스스로의 일에 애정과 자부심을 갖도록 지속적으로 재충전의 기회를 부여한다. 만약 개인이 일에서 삶의 즐거움을 얻는다면 그는 기꺼이 '좋은 의미의 과로'를 선택할 것이다. 여성이든 남성이든 일에 미쳐 있는 사람은 나라님도 구하지 못한다. 다만 그가 지치지 않게끔 애정을 갖고 지켜봐주어야 한다.

현재 실리콘밸리는 성적 불평등의 문제에 있어서 과도기 단계라고 말할 수 있다. 남성중심주의 문화의 청산은 그것이 뿌리를 내린 시간만큼 오래 걸릴지도 모른다. 월스트리트를 비롯해 실리콘밸리를 지배하고 있는 남성의 권위주의는 사회 전반적으로 인식의 전환이 이루어질 때 개선될 것이다. 이와 별도로 제도적인 차원에서 유연한 근무 환경 조성, 가족의 가치의 존중, 여성인력의 채용 및 관리를 위한 다양한 프로그램의 도입을 통해서 사내 성적 불평들을 줄이기 위한 지속적인 노력 또한 필요할 것이다.

직원의 선택에
박수를 보낸다

미국은 이직에 있어서도 자유롭다. 물론 이 부분에 대해서는 조금 상세한 설명을 곁들여야 한다. 개인의 자유를 숭상하는 서구식 가치관에 미루어 보면, 실리콘밸리에서 이직의 자유는 하등 문제가 없을 것처럼 보이지만 현실적으로 기업 입장에서 좋은 인재를 잃을 수도 있는 이직이 마냥 달갑지는 않을 것이다. 실제로 실리콘밸리에서는 이직을 금기시하는 기업들과 이직의 자유를 허하라는 직원들이 맞붙는 다윗과 골리앗의 싸움이 일어난 바 있다.

이직 금기를 둘러싼 스캔들의 중심에는 놀랍게도 애플과 구글이 있었다. 2007년 스티브 잡스가 애플의 직원들이 구글로 이직하는 일이 잦다며 사적으로 에릭 슈미트에게 불만을 토로하자, 슈미트는 애플 직원들을 스카우트하지 말라는 사내 지침을 내린 것이다. 두 사람이 주고받은 이메일이 공개되자 실리콘밸리는 졸지에 세기적 추문의 주인공이

사람은 사람의 꿈에 반한다

되어버리고 만다. 일련의 추문이 걷잡을 수 없는 상태로 악화된 건 비단 애플과 구글뿐만 아니라 인텔 - 구글, 구글 - 인튜이트, 애플 - 픽사, 픽사 - 루카스 필름 간에 암묵적으로 담합을 했다는 사실이 드러나면서부터이다. 이 회사들의 불법적인 행위를 보다 못한 5명의 엔지니어들이 직접 발 벗고 나서서 총 6만 4,000명의 집단 소송을 준비해, 2010년 '하이테크 피고용인 반독점 집단소송'을 제기했다. 결과적으로 원고가 승리한 이 재판에서 2015년 5월 현재 최종 합의금 4억 1500만 달러로 결정이 났다.

이직은 직장인의 기본 권리로 알려져 있다. 이는 평생직장을 생각하는 한국인의 정서에는 직접적으로 와 닿지 않는 부분일 수도 있다. 실제로 인텔에 근무하는 동안 2~3년 주기로 회사를 옮겨 다니는 사람들을 고깝게 느꼈다. 고백하건대 한때는 이직하는 사람들을 마주하기 불편했다. 특히 매니저로서 몸과 마음을 다해서 도와주었던 직원들이 회사를 옮길 적마다 상처를 받았다. 하지만 시간이 흘러 차츰 이곳의 문화에 적응해 나갈 즈음 그들이 왜 이직을 하는지, 그리고 그것이 가능한 사회적 조건이 무엇인지 눈에 보이기 시작했다.

우선 이직은 그것의 선택 여하를 떠나서 직장 생활의 자연스러운 과정 중 하나였다. 실리콘밸리의 산업 구조 특성상 벤처회사들은 매각과 전략적 제휴가 많아 회사 이름이 수시로 바뀌기 때문에 직원들도 본인의 의지와는 무관하게 소속이 바뀌는 경우가 많다. 이러한 상황에서 평생직장 개념은 설 자리를 잃는다. 한편, 직원들은 회사의 방향에 동의하지 않거나, 직장으로부터 피로와 권태를 느낄 때 이직의 필요성을 느낀다. 역으로 그런 직원에 대해서 회사 또한 함께 갈 수 없다고 생각해서 이직을 만류하지 않는다.

놀랍게도 미국 기업은 회사의 사정에 따라서 정리해고가 자유롭고 직원들도 회사의 그러한 조치에 크게 동요하지 않는다. 회사는 단순히 경기 흐름에 따라서 직원을 늘리고 줄이는 것이 아니라, 회사 내부의 상황을 중심으로 유동적으로 직원 숫자를 조정한다. 또한, 이직 시장이 크고 이직에 대한 편견이 없기 때문에, 미국은 정리해고를 실업이라기보다는 또 다른 일자리를 찾아나서는 시기로 생각한다. 이러한 사고의 차이는 일련의 안정장치가 있기 때문에 가능한 것이다. 미국은 국가 차원에서 정리해고자들에게 장기간 동안 생활비를 지원해주고 있다. 하지만, 취업 비자를 가지고 있는 사람이 정리해고를 당하면 한 달 안에 출국을 해야 하기 때문에, 가급적 안정적인 직장 생활을 위해 영주권 발급에 힘써 보는 것이 좋다.

이직이 직접적으로 창출하는 이점은 노동 시장의 가격 조절이다. 시장은 교환 가능한 상품과 노동의 가치를 매기는 곳이기 때문에 한 직원이 이직 시장에 나왔을 때 비로소 그 자신이 가지고 있는 노동력의 가치를 객관적으로 평가해볼 수 있다. 게다가 노동 시장에 나온 사람의 몸값이 오르면 비슷한 직종에 있는 직원들의 몸값도 동반 상승할 수 있다. 결국 직원들에게 이직이란 노동력에 대한 정당한 보상을 찾기 위한 자기 권리 실천과 같다.

안타깝게도 한국은 아직도 이직에 대해서 관대하지 못하다. 특히 이직을 실직과 혼동하는 경우가 많다. 이는 평생직장, 즉 한 번 다닌 직장

사람은 사람의 꿈에 반한다

에는 충성을 해야 한다는 유교적 사상에서 비롯된 것으로, 한국 사회는 휴식기를 이보 전진을 위한 일보 후퇴로 보지 않는다. 오히려 회사를 떠나는 자들을 일하기 싫어하는 베짱이라고 생각한다. 이직에 대한 열린 자세와 닫힌 자세의 차이는 곧 인식의 차이로부터 생겨난다. 한국은 일이 적성에 맞지 않아도 인내하라고 가르치며, 회사에 염증이 났어도 인내하고 기다리라고 말한다. 인내를 권리로 착각할 필요는 없다.

한편 한국 기업들 사이에서는 암묵적으로 이직을 금하고 있다. 일부 회사들은 직원들이 취직을 하거나 고위직으로 승진을 할 때 동종 업계로 이직을 하지 않겠다는 서약서를 받는다. 경쟁자를 선의의 경쟁자나 동반 성장하는 관계로 생각하지 않고 단순하게 보거나, 회사를 나가는 사람을 배신자라고 낙인 짓는 그릇된 문화에서 비롯된 웃지 못 할 일들이 지금도 벌어지고 있는 것이다.

이직의 문화는 강의 흐름과 같다. 흐르는 물을 인위적으로 막으면 고인 물이 된다. 고인 물은 썩는다. 소 잃고 외양간 고치는 격으로 훗날 고인물의 흐름을 터주어도 물이 다시 맑아지는 데는 오랜 시간이 걸린다. 인재를 둔재로 만들지 않으려면 인재가 흐르는 강물에 몸을 맡길 수 있는 환경이 필요하다.

그들이 인재를
관리하는 방법

실리콘밸리에는 직원들의 거처가 영구적이지 않다. 각 회사들은 인재를 발굴하는 것만큼이나 직원들의 정착을 위해 다양한 노력을 기울이고 있다. 그들은 크게 보면 물질적인 보상과 정신적인 보상의 차원에서 직원들의 환심을 사기 위한 갖가지 방법을 강구하고 있다.

대부분의 엔지니어들은 프로젝트를 중심으로 일을 하고 그에 따른 보상을 받는다. 보너스, 연봉 상승이 대표적인 보상이다. 승진에 대해서도 근속 기간과 같은 절대적인 기준을 적용하는 것이 아니라 개인의 역량과 자질 같은 상대적인 기준을 적용해 평가하고 있다. 따라서 연봉 상승과 그에 뒤따른 승진은 에스컬레이터처럼 단계적으로 상승하는가 하면, 때로는 엘리베이터처럼 수직 상승하는 경우도 있다. 실제로 내 팀원 중에 연봉이 한 해 49퍼센트나 인상된 경우도 있었다.

개인적인 경험에 비추어 보았을 때 인텔이 내게 베푼 물질적인 시혜는 과분했다. 한국에 있었으면 상상도 할 수 없는 일을 여러 번 겪었다. 채용 과정에서 좋은 대우를 받았던 것은 물론, 동양인 치고는 빠른 승진과 함께 높은 직급까지 달았으니 말이다. 가끔 지인들로부터 왜 인텔에서만 일을 했냐는 질문을 받는 경우가 있는데 그럴 때마다 내 대답은 간단하다. 딱히 다른 회사를 갈 이유가 없었다. 인텔에서 근무하면서 만났던 동료들이 모두 인생의 동반자가 되었을 정도로 좋은 사람들이었고, 게다가 그들과 함께 일하면서 내 스스로가 성장하고 있다는 느낌을 수시로 받았기 때문이다. 여기에 솔직한 대답을 보태자면 인텔이 제공한 물질적인 보상을 두고 다른 경우의 수를 생각할 이유가 없었던 것이다.

회사의 전략 중 하나는 직원의 발목을 잡는 것이다. 내 경우를 돌이켜보면 입사 당시에 계약 조건으로 받은 돈 때문에 몇 년간은 이직을 생각하지 않았던 것 같다. 또, 매니저로 일할 당시에 성과급으로 주식을 받은 적도 있다. 인텔은 매년 성과에 따라 차등적으로 주식을 준다. 당시 내가 받은 주식은 1%(1000명 중 서너 명)의 직원에게만 주어지는 특별 주식이었다. 또 매년 성과 평가 후 받는 평균 주식의 10배(총 7천 주) 이상이 주어진다. 물론 그 주식은 일괄처리가 불가능했고 일 년에 몇 주씩만 팔 수 있도록 제한되어 있었다. 주식을 받아서 회사에 대한 주인의식이 생긴 것도 부정할 수 없지만, 실질적으로 주식을 다 팔기 전에는 회사를 나갈 수 없었던 것이다. 세상에 공짜란 없는 법, 물질적인 보상이 물질적인 구속이 되기도 한다.

하지만 평안감사도 저 싫으면 그만이듯이 보너스, 연봉, 승진과 같은 물질적 보상만으로 회사에 뼈를 묻을 수는 없다. 회사와 직원의 관계는 연애와 닮았다. 직원들에게 일방적으로 충성을 강요하는 봉건적인 사고는 유연한 조직 문화에 부합하지 않는다. 직원이 회사를 사랑할 수밖에 없는 이유를 계속해서 만들어주어야 한다. 예를 들어 육아로 힘들어하는 여성을 위해서 홈 오피스를 만들어주거나, 통근이 힘든 직원을 위해 재택근무를 권장하고, 끼니를 거르는 직원들을 위해 무료로 식사를 제공하는 등의 세심한 배려가 모두 회사가 직원을 사랑하는 방식인 것이다. 직원이 회사의 사랑을 느낀다면 회사를 사랑할지 여부를 선택하는 일만 남게 된다.

회사 업무가 지겨워지고, 회사에 불만이 생기는 데에는 분명한 이유가 있다. 장기적이고 안정된 직장 생활을 결정하는 변수는 모두 직원의 정신적 차원에 있다. 회사의 가치관이 자신과 맞지 않거나, 회사의 업무 방식이 불합리하게 느껴지거나, 회사가 나를 인정해주지 않는다고 생각할 수 있다. 거꾸로 회사가 좋아지는 데에는 상기의 요소들이 결핍되지 않고 충족되었을 때를 생각해보면 된다. 결국 회사에 대해 직원이 느끼는 만족도는 좋은 근로 여건과 회사로부터의 인정이다. 여기서 말하는 인정이란, 물질적 보상과는 별개의 것으로서 직원 스스로가 능동적인 업무 수행 후에 얻는 성취감에 가까운 것이다. 직장인은 누구나 회사라는 큰 조직의 부품이 되기보다는 회사를 이끌어가는 한 사람의 인간이 되고 싶어 한다.

모두가 주인이 될 수 있는 회사가 좋은 곳이다. 자칫 비현실적으로 들릴 수 있겠지만, 여기서 말하고자 하는 '주인'이란 개개인이 자율성과 권리를 갖고 일하는 상태를 의미한다. 회사에는 수많은 부서가 있고, 또

사람은 사람의 꿈에 반한다

부서별로 다양한 사람들이 모여 있다. 상부에 있는 사람들만이 권력자거나 실세라고 여긴다면 그 회사는 경직된 조직일 가능성이 크다. 수평적인 조직에서는 모든 사람이 주어진 위치에서 주인 의식을 갖는다. 곧 자신의 직무에 대해서 주인 의식을 가지고 능동적으로 행동하게 된다는 것이다. 만약 나의 일이 상부의 지침이라는 생각이 앞선다면 모든 행동은 수동적인 수준에 그칠 수밖에 없다.

능동적인 조직 문화 속에서 직원은 곧 주인이다. 그들은 회사로부터 신뢰를 받고 있다는 확신과 함께, 맡은 일에 대한 주인의식과 자부심을 동시에 느낄 것이다. 내 일의 주인이 나라는 당연한 생각이야말로 직원 모두가 회사의 주인이 되는 첫 걸음이다.

애플의 사일로 vs 구글의 열린 환경

회사마다 사일로(silo)가 있다. 사일로는 사전적으로 저장탑이며 구체적으로는 곡물을 쌓아두는 창고를 가리킨다. 보통 사내에서 부서 간에 폐쇄적인 문화를 가리킬 때 '사일로 현상'이라는 표현을 쓰기도 한다. 과거에는 곡식을 저장고에 가득 쌓아두고도 시장에 내놓지 않는 상인의 이윤 독점 행태를 비난하던 표현으로 쓰였다. 오늘날에는 사내에서 부서 간에 벽을 쌓고 자기 실적만 챙기는 현상을 비판할 때 통용되고 있는 것이다.

유연한 조직 문화를 갖고 있는 실리콘밸리에서도 사일로 현상이 불거진 적이 있다. 애플이 대표적이다. 스티브 잡스는 생전에 사일로 현상에 대해 여러 차례 비판했지만, 아이러니하게도 애플 또한 사일로 현상의 대표적인 예로 꼽힌다. 중이 제 머리를 못 깎은 것이다. 실제로 애플은 부서 간에 공유할 것만 공유한다는 폐쇄적인 방침을 갖고 있다. 이들

사람은 사람의 꿈에 반한다

은 부서마다 사업 전문성이 다르다는 이유로 협력의 중요성을 간과함으로써, 또는 사내 보안 유지를 위해 의도적으로 부서 간의 커뮤니케이션을 단절시킴으로써 사내 사일로 현상을 부추기고 있는 것이다.

그 순기능에도 불구하고 부서 이기주의는 대외적인 변화에 민감하게 반응해야 하는 회사에게는 치명적인 독이 된다. 오늘날은 테크놀로지의 발달로 인해 인간의 예상 범위를 뛰어넘는 속도전이 벌어지고 있다. 이러한 상황에서 부서 간의 협력이 없으면 시장의 흐름을 파악하지 못한다. 나아가 부서 간의 의사소통 단절은 장기적으로 시장과 회사 간의 단절로 이어지는 폐단을 낳는다. 트렌드 세터와 퍼스트 무버를 자처한다고 해도 인위적으로 강요된 신기술, 신제품, 그리고 유행은 고객의 입맛을 충족시켜줄 수 없는 것이다.

물론 모든 회사의 사내에 벽이 있는 것은 아니다. 구글은 열린 업무 환경을 지향한다. 직급에 상관없이 책상과 의자에서부터 권위를 찾아볼 수 없다. 또한, 앞서 말했다시피 시장의 변화에 따라 부서 간 통폐합이 자유로운 곳으로도 유명하다. 이러한 유기적인 변화를 돕기 위해 엔지니어들이 사용하는 코드를 내부적으로 표준화했다. 쉽게 설명하면 외국에 나갔을 때 현지의 언어를 익힐 필요가 없는 상황이라고 생각하면 된다. 현재 세계 공용어는 없지만 인구 대비 영어의 사용 빈도가 가장 많기 때문에, 영어에 능숙한 사람이 해외에 나가서 의사소통의 문제를 겪는 경우는 적다. 즉 구글은 부서 간 경계를 넘나들 때도 새로운 언어의 규칙을 배우지 않아도 되는 것이나.

부서 간 장벽은 문서 양식 또는 코드의 단일화와 같이 제도적인 개선

뿐만 아니라 사소한 근무 환경 개선으로부터도 시작될 수 있다. 칸막이를 생각해보자. 국내외를 비롯한 대다수의 회사는 면적 대비 공간 활용도를 높이기 위해 동일한 책상을 다닥다닥 이어붙이고 그 사이에 파티션을 설치한다. 이러한 획일화된 근무 환경은 개인이 업무에 몰두하는 데에는 효과적이지만 동일한 구조로 인해서 개인을 몰개성화시키고 나아가 소외와 단절을 초래한다. 즉 칸막이 하나로부터 부서 이기주의라는 큰 병폐가 자라날 수 있는 것이다.

대화의 단절을 극복하기 위한 개선책으로는 사람들이 모여서 교류할 수 있는 사적 대화 공간의 창출을 생각해볼 수 있다. 국내 기업들에서는 공적 대화 공간에는 관대하면서도 사적 대화 공간 조성에는 박한 경우가 많다. 대화 공간이 없기 때문에 대부분의 직원들은 밖으로 나가거나 회사의 사각지대를 기웃거린다. 대화 공간이 옥상, 복도, 계단, 탕비실처럼 타인의 눈을 피할 수 있는 곳에 조성되면 자연스럽게 그곳에서 나누는 이야기들은 경직되거나 비밀스러워질 수밖에 없다. 실리콘밸리의 많은 회사들이 사내에 각종 여가 공간을 마련해두는 것은 직원들이 서로 피부를 맞대면서 격의 없이 어우러질 수 있게 하기 위한 일종의 극약처방이라 할 수 있다. 인간의 교류는 때에 따라서는 공적이어야 하지만 때에 따라서는 사적일 필요도 있다. 커피 한 잔을 나누어 마시면서도 가능한 대화, 또는 밥을 함께 먹으면서도 가능한 대화가 있다. 잡초는 보도블록 틈새에서도 자란다지만 인간의 대화가 꽉 막힌 틈을 비집고 피어나길 기대하기는 어렵다. 더욱이 인간은 잡초가 아니라 인격이다. 그러니 사람이 교류할 수 있고 이야기가 꽃필 수 있는 공간 마련

사람은 사람의 꿈에 반한다

에 심혈을 기울여야 하는 것이다.

　실제로 직원들 간의 대화로부터 조직력 강화, 즉 인화가 이루어진다. 한 아파트에 살면서 일면식도 없는 이웃 주민들처럼 같은 사내 건물에 있으면서도 서로의 존재조차 모르는 직원들이 부지기수다. 더 심한 경우에는 같은 팀 내에 있으면서도 각자가 어떤 일을 하고 있는지, 각자의 전문 분야를 비롯해서 그 사람의 취향에 대해서 무관심한 경우도 있다. 무관심은 단절을, 관심은 대화를 부른다. 일상의 사소한 대화로부터 업무의 전문성 강화를 위한 조직적인 움직임까지, 모든 것은 서로 얼굴을 맞대고 고민하는 시간을 통해서 이루어진다.

EPILOGUE

마침내 빛날
여러분의 꿈을 응원하며

이 책을 시작하면서 '성공'이라는 낭만적인 단어를 떠올렸던 것은 아니다. 지난날을 스스로 평가해보자면, 나는 그저 시기적으로 운이 좋아 실리콘밸리에서 직장생활을 한 평범한 사람에 불과하다. 그런 내 자신이 일확천금을 얻었거나 유명인사가 된 것도 아닌데 어찌 감히 성공이라는 단어를 가벼이 놀릴 수 있겠는가.

다만 두 가지만을 꼭 전하고 싶은 간절한 마음에 펜을 들었다. 하나는 실리콘밸리라는 무대가 결코 못 오를 나무가 아니며 도전하는 자세와 준비만 되어 있다면 충분히 각자의 역량을 펼칠 수 있는 기회의 장이라는 것을 알리고 싶었다. 그리고 다른 하나는 실리콘밸리에서 깨달은 바를 훗날 나와 같은 무대에 도전할 후배들에게 알려주어 그들이 가는 길에 걸림돌이 될 부분들을 치워주고 싶었다. 그것은 인생의 선배로서 후배들에게 혹은 내 동료들에게 건넬 수 있는 작은 선물이라고 생

사람은 사람의 꿈에 반한다

각했다.

실리콘밸리 생활을 접고 한국에 돌아오기를 결심했던 가장 큰 계기도 바로 사람 때문이었다. 큰 포부가 없었던 것은 아니지만, 그러한 거시적인 차원의 목표보다 앞서 존재하는, 우리들 마음속의 소소한 진심 때문이었다.

미국으로 가기 전, 한국에서 마지막 관문을 통과해야 했다. 실로 긴 시간이었다. 대학원에서 장고의 시간 동안 공부에 매진했고, 또 싱가포르에서 객원 연구원으로 일하면서 취업 준비까지 했으니 말이다. 박사 학위 논문 최종 심사를 앞둔 그때 이미 인텔로 가기로 결정한 상태였기 때문에 내 영혼은 이미 미국에 가 있었다. 하지만 유종의 미를 거두는 것만이 지난 시간 동안 나를 이끌어주신 지도 교수님께 보답하는 길이라고 생각했다.

2001년 4월에 박사 학위 최종 심사를 받았다. 보통 디펜스 단계라고 불리는 박사 학위 최종 심사 단계는 살벌하다. 지도 교수를 포함해 심사위원들이 박사 학위 지원자의 논문을 두고 격렬한 논의를 벌이기 때문이다. 심사위원들의 날카로운 질문을 받고 나면 지원자는 패잔병과 다름없어진다. 미국으로 가기 위해서는 이 살얼음판을 건너야만 했던 것이다.

긴장한 것은 사실이지만 이미 경험적으로 단련이 된 상태였다. 미국의 여러 기업들에 지원을 하고 전화 인터뷰 및 온 사이트 인터뷰를 거치면서 내 논문에 대한 이야기는 입에 단 내가 나도록 했었다. 거기다

IBM 왓슨 연구소에서 박사 논문을 발표를 한 경험이 있었고, 그때의 실수들을 밑거름 삼아 논문을 발전시키기도 했다. 그때는 더 이상 매 맞는 게 두렵지 않았기에 최종 심사 자체도 기꺼운 마음으로 임할 수 있었다.

심사위원으로 참석한 교수님들 중 한 분은 내 과거와 현재를 비교하면서 놀라운 성장을 한 것 같다고 혀를 내두르셨다. 아닌 게 아니라, 실제로 나는 입학 당시만 해도 박사 최종 합격자 55명의 학생 중 50위 언저리의 학생이었다. 일부 교수님은 나의 졸업 자체가 감개무량하다고 말씀하셨다. 처음에는 무리에 섞여 존재감이 없던 학생이 글로벌 기업에 취업하고 논문도 마무리했으니 소위 말해 인생역전을 했던 것이다.

내가 겪은 이 모든 기적 같은 일들의 숨은 공로자는 나를 지도해주셨던 카이스트의 김정호 교수님이라고 말하고 싶다. 여느 엔지니어 예비생들이 그러하듯이 학교에서 지도 교수와 학생 간의 관계는 파트너십 이상으로 끈끈하게 맺어져 있다. 보수적인 성향이 강한 연구소에서는 학생이 교수에게 종속되는 경우도 있지만, 교수님은 학생들에게 전적으로 자율권을 주셨다. 그 덕분에 내가 하고 싶은 연구를 자유롭게 하면서도 교수님의 지도하에 박사 과정 중에도 다수의 논문을 지속적으로 발표하면서 내 개인 역량을 개발할 수 있었다. 뿐만 아니라 내가 연구 분야를 선택할 때도, 미래 성장 가능성이 있는 분야를 적극적으로 추천해주셨고, 결과적으로 내가 미국의 여러 기업들로부터 오퍼를 받을 수 있게끔 이끌어주셨다.

세상 일 중에 오롯이 혼자만의 힘으로 이뤄낼 수 있는 건 없다고 생각한다. 표면적으로 미국으로 진출할 수 있었던 건 나의 노력인 것처럼

사람은 사람의 꿈에 반한다

보이지만, 사실상 그런 기회를 만들어주기 위해서 내 주변의 많은 사람들이 힘써주었다. 함께 박사 과정을 했던 동기들은 늘 나를 지적으로 자극했고, 학회에서 만난 세계 각국의 연구자들은 내가 미국으로 진출할 수 있게 여러 정보를 제공해주었으며, 학교에 계신 많은 교수님들의 가르침은 나침반이 되어주었다.

유년시절에 나는 베풂의 미덕을 경험하면서 자랐다. 고등학교 재학시절 열린문청소년문화재단과 인연을 맺어 대학에 입학하자마자 그곳의 공부방에서 자원봉사 활동을 한 적이 있다. 옛말로 치면 야학의 선생님으로 일했던 것이다. 그 공부방은 재정적으로 여유롭지 않아 문을 여는 데만 해도 여러 사람의 수고가 필요했다. 당시 나는 친구들과 함께 공부방 운영비용을 마련하기 위해 공장에서 학용품을 도매로 구매해 학교 앞에 가판을 설치하고 장사를 한 적이 있다. 수입도 좋았다. 월세를 내고 남은 돈으로 분필이나 학용품 사는 데도 무리가 없었다. 그런데 가장 큰 부분을 놓치면서 일이 터지고 말았다. 책상과 의자를 마련할 돈을 계산해두지 않았던 것이다. 당시 수중에는 현금 5만 원이 전부였다. 개강은 다가오고 학생들도 모집을 해두었는데 까딱하다가는 선생도 학생도 모두 서서 수업을 해야 할 판이었다.

궁여지책으로 동네 고물상을 뒤지기 시작했다. 그런데 고물상을 뒤져보아도 쓸 만한 책상과 걸상은 죄다 한 세트에 1만 원가량 했다. 수중에 있는 돈을 털어봐야 다섯 세트를 살 정도밖에 안 되었던 것이다. 풀이 죽어 이번이 마지막이라는 심정이라는 찾아간 한 고물상에서 어떤 할머니 한 분을 만났다. 그 할머니는 책상과 걸상을 찾는 나를 보더니 아무 말씀 없이 따라오라고 했고, 비척비척 계단을 올라간 어느 건물의 옥상에서 정확히 40개의 책걸상을 보여주셨다. 할머니는 정확히 5만 원만 놓고 가라고 하셨다. 우연을 가장한 기적인지, 기적을 가장한 우연인지 모르겠으나, 나는 하늘이 내게 준 기회이자 선물이라고 생각했다. 그 선물 덕분에 나는 대학 시절 내내 안정적으로 공부방에서 자원봉사를 할 수 있었고, 그 시간을 지나오면서 가르침과 배움의 참된 재미를 깨달을 수 있었다.

아무리 힘들더라도 우리는 '혼자가 아니라 함께'라는 것도 잊지 말길 바란다. 사랑하는 법을 모르는 자가 사랑받는 법을 모르듯이, 혼자라고 생각하는 사람은 남의 도움을 받는 데에도 서툴다. 본디 좋은 사회란 보이지 않는 도움이 손길이 거미줄처럼 얽혀 있고, 누가 보냈는지도 모르는 유무형의 선물이 주인을 가리지 않고 찾아오는 곳이라고 믿는다. 그리고 그 누군가의 말처럼 좋은 사람은 이미 좋은 세상이지 않은가.

결과적으로 이 책은 성공의 지름길에 대한 친절한 안내서라기보다는 우리가 살면서 머리로는 배우지 못하는 세상사에 대한 이야기 조각들의 모음이다. 나는 지금 취업을 준비하고 있거나 더 큰 무대로 도약하기 위해 숨 고르고 있는 이들에게, 혹은 직장에서 쉼 없이 전진만 하는 이들에게 진지하게 자신을 성찰하며 나아갈 때 언젠가는 그 노력에 대한 인정과 보상이 주어진다는 사실을 말해주고 싶다. 링 위에서건, 링 밖에서건.

사람은 사람의 꿈에 반한다

미래를 향한 여러분의 도전을 멀리서 나마 응원하겠다는 약속을 꼭 전하고 싶다. 모두의 건투를 빈다.

사람은 사람의 꿈에 반한다

초판 1쇄 인쇄 | 2015년 12월 21일
초판 1쇄 발행 | 2015년 12월 28일

지은이 | 유용환
발행인 | 노승권

편집 | 김영주, 김승규, 박나래
디자인 | ★규

사업운영 | 김현오
마케팅기획 | 임현석, 이현우, 정완교, 김도현, 소재범
사업지원 | 차동현, 김보연

임프린트 | 책읽는수요일
주소 | 서울시 중구 무교로 32 효령빌딩 11층
전화 | 02 - 3789 - 0269(편집), 02 - 728 - 0270(마케팅)
팩스 | 02 - 774 - 7216

발행처 | (사)한국물가정보
등록 | 1980년 3월 29일
이메일 | booksonwed@gmail.com
홈페이지 | kpibook.co.kr

● 책읽는수요일, 라이프맵, 비즈니스맵, 사흘, 생각연구소, 스타일북스, 지식갤러리, 피플트리는
　KPI출판그룹의 임프린트입니다.